読解力と語彙力を鍛える!

なぞ解きストーリードリル

科学のふしぎ

小学4年生から

ナツメ社

監修 陰山英男 小川眞士 物語 山下美樹

もくじ

この本の使い方

なぞ解きストーリードリル

言葉を学ぼう！

文章中の、覚えておきたい言葉は、太字で示しているよ。文章の中でどんなふうに使われているか注目しよう。また、下の段で「言葉の問題」として出題されている言葉には、黄色いマーカーが引いてあるよ。前後の文章の流れから、その言葉がどんな意味で使われているかを考えながら読むようにしよう。

線をヒントに！

文章には、読解問題に関係のあるところに線が引いてあるよ。線をヒントにして、答えを読み取ろう。

物語を読もう！

主人公たちがなぞ解きに挑戦する物語を読んで、楽しみながら問題を解いていこう。見開きページの物語を読んだら、下の段の問題にチャレンジ！

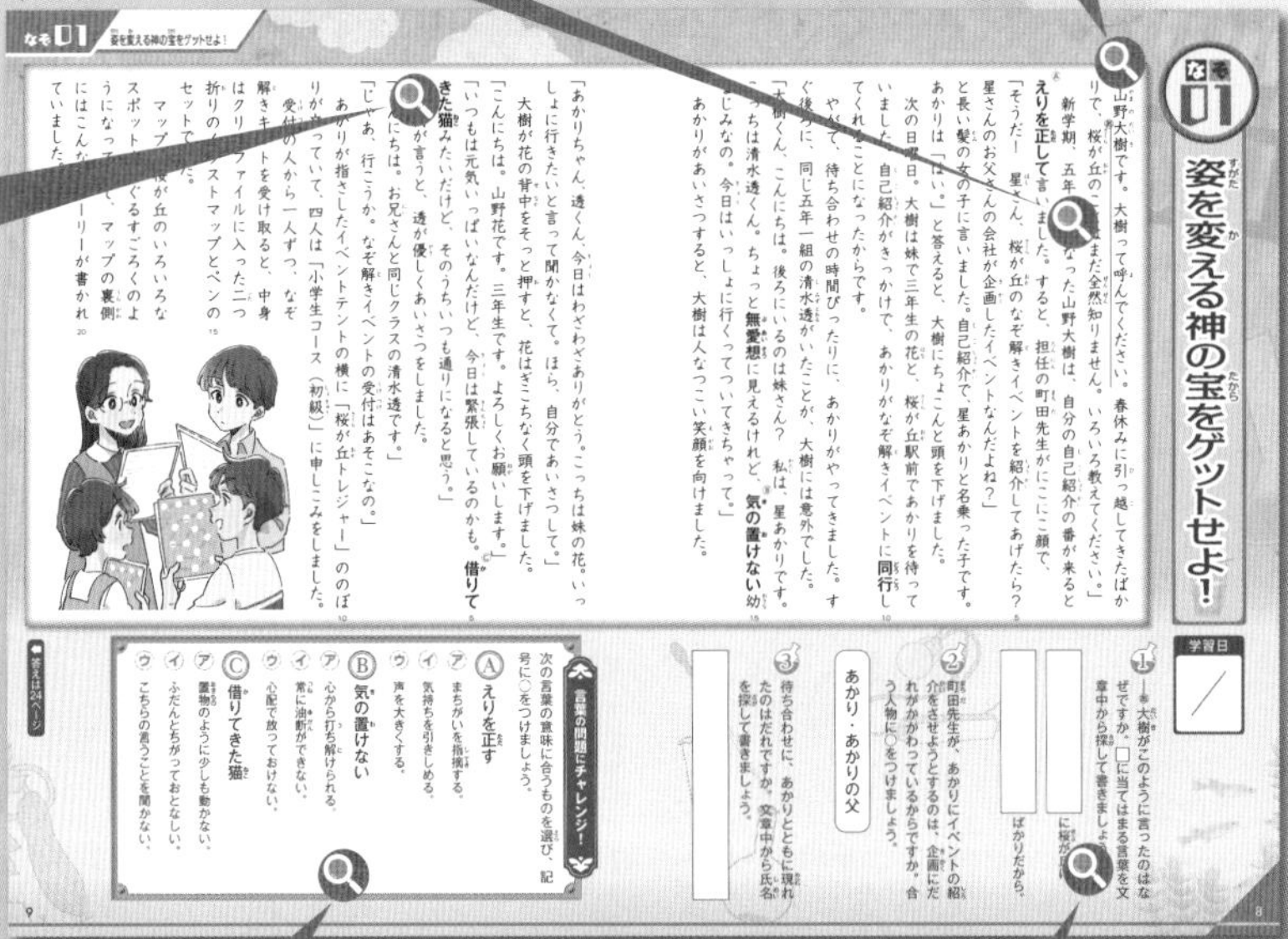

言葉の問題を解こう！

左側のページでは、言葉の問題に取り組んでみよう。問題を解くことで、言葉の意味や使い方を勉強することができるよ。

読解問題を解こう！

右側のページでは、読解問題が出されているよ。文章をよく読んで、問題に答えてね。

解き終わったら

答えと解説

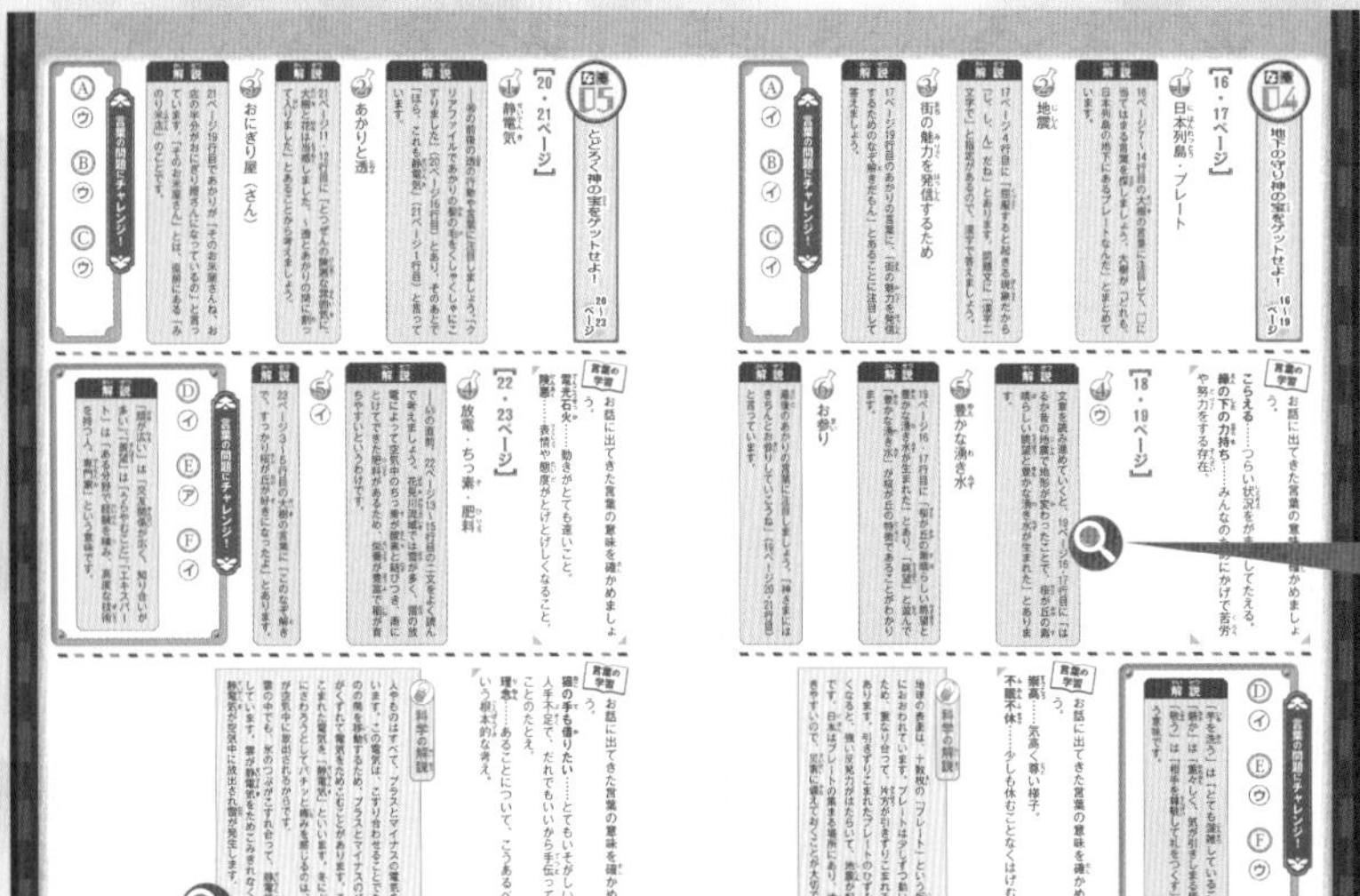

答えと解説を読もう！

問題の答えと、答えを導き出す方法や考え方の説明が書かれているよ。①右ページ上段→②右ページ中段→③右ページ下段→④左ページ上段→⑤左ページ中段→⑥左ページ下段の順で読んでね。まちがえてしまった問題は特にしっかり読んで、答えの見つけ方を身につけよう。

言葉の意味を確かめよう！

『言葉の学習』では、物語に出てきた言葉の意味を説明しているよ。問題には出されていないけれど、覚えておきたい言葉なので、じっくり読んで、言葉と意味をセットで覚えよう。

科学の解説を読もう！

物語に出てきた科学の知識についての説明が書かれているよ。よく読んで、科学の知識を身につけよう。

もっと理解を深めよう

読み終わったら

もっと理解を深めよう

01 水の姿の変化 8～11ページ

水を百度まで熱すると、さかんに**あわ**（**水蒸気**）が出ます。温度が上がって水の中からあわが出ることを**ふっとう**といいます。

水は、ふっとうすると量が減ります。それは、水には「ふっとうすると、水蒸気に変わって空気中ににげていく」という性質があるからです。

水のように、目に見えていて形が変わるものを**液体**といいます。一方、水蒸気のように目に見えず形が自由に変わるものを**気体**といいます。さらに、氷のように形が変わらないものを**固体**といいます。液体である水は、熱すると気体である水蒸気に、冷やすと固体である氷に変化します。

水が減るのは、ふっとうしたときだけではありません。そのまま置いておいても、少しずつ水蒸気になって空気中ににげていくため、量が減ります。このように、液体が表面で少しずつ気体に変化することを、**蒸発**といいます。

03 花のつくりと受粉 14・15ページ

花には、数本の**おしべ**と一本の**めしべ**があります。アサガオなどは、一つの花におしべとめしべがありますが、ヘチマなどのように、おしべがある花（**お花**）とめしべがある花（**め花**）の二種類の花が咲く植物もあります。

おしべの先では、**花粉**がつくられています。花粉がめしべの先につくと、めしべの根もとがふくらんで、中に**種子**ができます。このように、おしべの花粉がめしべにつくことを**受粉**といいます。花には、受粉することで種子をつくるはたらきがあるのです。

アサガオは、つぼみから花が開くときに、短かったおしべがめしべより長くのび、おしべの花粉をめしべにつけて受粉します。けれど、自分の力で受粉できない花も多くあります。このような花は、きれいな花びらや、花の奥から出るあまいみつなどで虫や鳥をさそい、受粉を助けてもらいます。花に近づいたときに体に花粉をつけて、花粉を他の花のめしべに運んでもらうのです。また、トウモロコシやイネなどのように、風に花粉を運んでもらう植物などもあります。

アサガオの花のつくり

花びら
めしべ
おしべ
がく
種子ができるところ

おさらい！科学クイズ

おしべの花粉がめしべにつくことをなんというでしょう？

❶ め花
❷ お花
❸ 受粉

答えは48ページ

112ページの答え ③

空全体の九割以上が雲でおおわれていると、天気はくもりになります。

28

クイズにチャレンジ！

説明を読んだら、科学クイズにチャレンジしよう。説明されていた内容のおさらいクイズだよ。わからないときや、答えをまちがえてしまったときは、説明をもう一度しっかり読んで、正しく理解しよう。

科学についてもっとよく知ろう！

物語に出てきた科学の知識で、もっと理解を深めておきたい内容を取り上げて、説明しているよ。重要な言葉は太字で示しているので、しっかり覚えよう。絵も説明のヒントになっているよ。

読み終わったら

別冊言葉ドリル

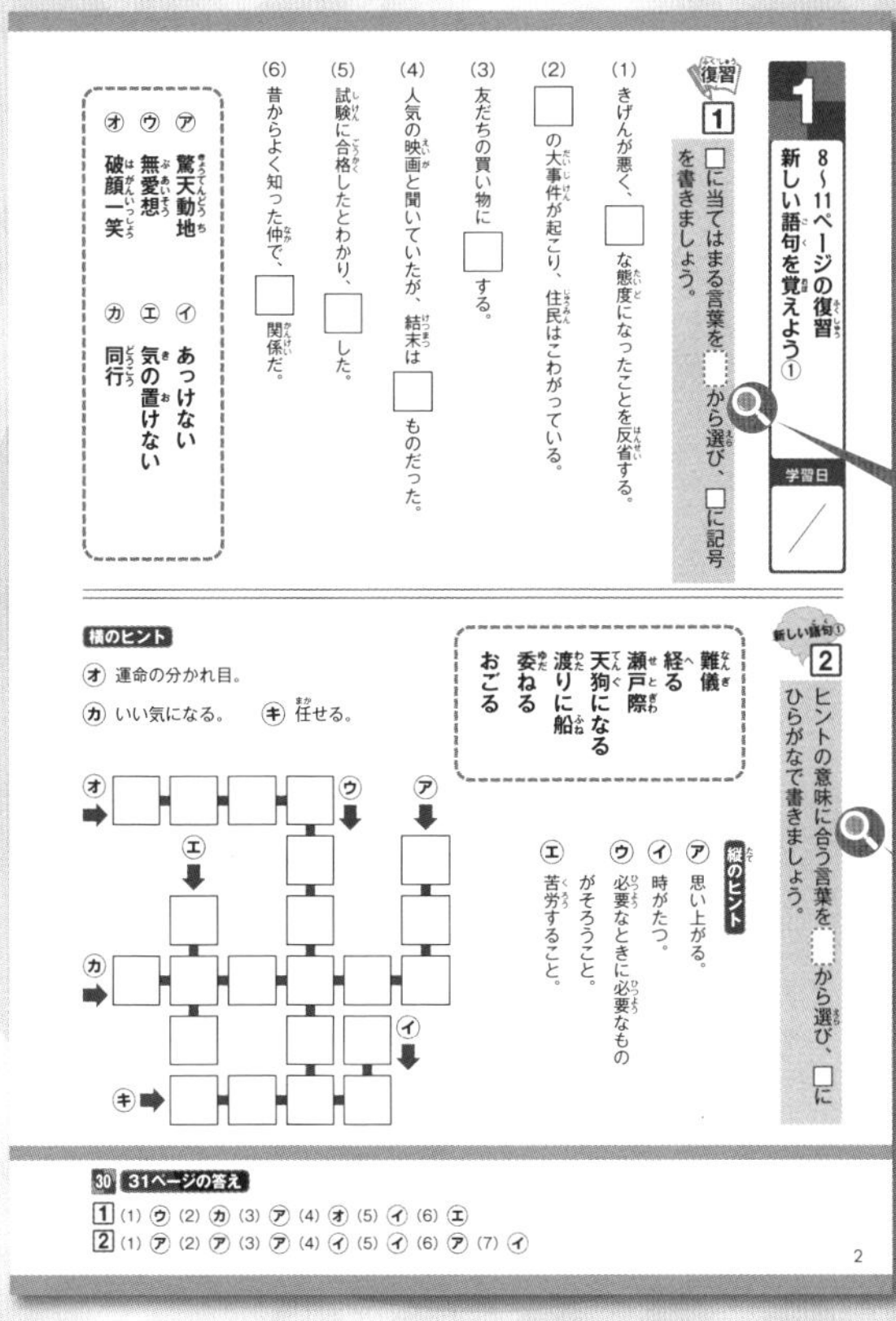

1 8～11ページの復習 新しい語句を覚えよう①

学習日 ／

復習 **1** □に当てはまる言葉を［ ］から選び、□に記号を書きましょう。

(1) きげんが悪く、□な態度になったことを反省する。
(2) □の大事件が起こり、住民はこわがっている。
(3) 友だちの買い物に□する。
(4) 人気の映画と聞いていたが、結末は□ものだった。
(5) 試験に合格したとわかり、□した。
(6) 昔からよく知った仲で、□関係だ。

㋐ 驚天動地　㋑ あっけない
㋒ 無愛想　㋓ 気の置けない
㋔ 破顔一笑　㋕ 同行

新しい語句① **2** ヒントの意味に合う言葉を［ ］から選び、□にひらがなで書きましょう。

難儀
経る
瀬戸際
天狗になる
渡りに船
委ねる
おごる

縦のヒント

㋐ 思い上がる。
㋑ 時がたつ。
㋒ 必要なときに必要なものがそろうこと。
㋓ 苦労すること。

横のヒント

㋔ 運命の分かれ目。
㋕ いい気になる。　㋖ 任せる。

30 31ページの答え

1 (1) ㋒ (2) ㋕ (3) ㋐ (4) ㋔ (5) ㋑ (6) ㋓
2 (1) ㋐ (2) ㋐ (3) ㋐ (4) ㋑ (5) ㋑ (6) ㋐ (7) ㋑

2

言葉の復習をしよう！

『なぞ解きストーリードリル』で学習した言葉の復習問題が出されているよ。復習問題を解いて、言葉の意味や使い方をおさらいしよう。

新しい言葉を学ぼう！

言葉ドリルでは『なぞ解きストーリードリル』に出てきていない、新しい言葉も勉強することができるよ。下の段の問題を解いて、さらに言葉を覚えよう。

はじめに

近年、子どもたちの読解力不足が問題となっていますが、それは語彙の不足が原因のひとつです。ですから基本的な熟語や特別な言葉をきちんと理解するだけで、みなさんの読解力は格段に上がっていくのです。

そして、読解力不足の最大の原因は、文章を機械的に、あるいは技術的に読もうとするあまり、文章そのものに興味を持たないまま答えを出そうとしているからではないでしょうか。参考書などは内容がよくてもおもしろみに欠けることがあり、おもしろいという感覚を得ないまま読み進むと、細かい読み取りになったとき読解の不足が生まれてしまうのかもしれません。

このドリルは文章に「なぞ解き」というしかけがあり、おもしろい、とか楽しい、という感覚を持ちながら読むことができます。これこそが読解のための集中力を生むのです。また、今回も「別冊言葉ドリル」を用意し、確実な学力とすることにも配慮しました。ぜひこのドリルを活用し、読解力を根本から高めていってください。

陰山ラボ代表　陰山　英男

りんごが木から落ちることを「なぜ？」と考えたその「なぜ？」が、地球から２億８０００万キロメートルはなれた小惑星リュウグウへの「はやぶさ２」の旅を実現させました。

「なぜ？」と何かに疑問を持ち、考え、新しいことを生み出すヒトの脳の能力は、ＡＩがどんなに発達してもかなわない能力です。

この本は楽しいストーリーを読むことで、小学校で学習する内容や身近な科学をもとに科学のなぜについて考えます。「なぜ？」の解説から、みなさん一人ひとりの新しい「なぜ？」が生まれます。それは科学が好きになるきっかけや、自由研究の種になることでしょう。

楽しいストーリーを読み、主人公といっしょになぞ解きをすることで、自然と語彙力や読解力も身につきます。さあみなさん、楽しいストーリーという乗り物に乗って、新しい科学の旅、科学がもっと好きになる旅を始めましょう。

小川理科研究所主宰　小川　眞士

1章 桜が丘の五つの宝

登場人物紹介

山野 大樹

この春、桜が丘に引っ越してきた小学五年生の男の子。物怖じしない性格で、だれとでも仲良くなれる。自然豊かな場所で育ったため、虫や天気、星などにくわしく、理科が得意。

星 あかり

本を読むのが好きで、読書クラブに所属する小学五年生。本を読んで身につけた知識や発想力で、なぞ解きをするのが得意。下級生にも優しく、面倒見のよい性格。

清水 透

理科の実験が好きな頭脳派の小学五年生。あかりとは幼なじみで、同学年のあかりを妹のように思っている。論理的で効率重視、しっかり者の男の子。

山野 花

大樹の妹で、お兄ちゃん子の小学三年生。動物や植物が好きで、ものごとをじっと観察することが得意。イベントを通じて出会ったあかりにあこがれを持つ。

なぞ01 姿を変える神の宝をゲットせよ！

「山野大樹です。大樹って呼んでください。春休みに引っ越してきたばかりで、(あ)桜が丘のことはまだ全然知りません。いろいろ教えてください。」

新学期、五年一組になった山野大樹は、自分の自己紹介の番が来ると、Ⓐ**えりを正して**言いました。すると、担任の町田先生がにこにこ顔で、

「そうだ！　星さん、桜が丘のなぞ解きイベントを紹介してあげたら？　星さんのお父さんの会社が企画したイベントなんだよね？」

と長い髪の女の子に言いました。自己紹介で、星あかりと名乗った子です。あかりは「はい。」と答えると、大樹にちょこんと頭を下げました。

次の日曜日。大樹は妹で三年生の花と、桜が丘駅前であかりを待っていました。自己紹介がきっかけで、あかりがなぞ解きイベントに**同行**してくれることになったからです。

やがて、待ち合わせの時間ぴったりに、あかりがやってきました。すぐ後ろに、同じ五年一組の清水透がいたことが、大樹には意外でした。

「大樹くん、こんにちは。後ろにいるのは妹さん？　私は、星あかりです。こっちは清水透くん。ちょっと**無愛想**に見えるけれど、Ⓑ**気の置けない**幼なじみなの。今日はいっしょに行くってついてきちゃって。」

あかりがあいさつすると、大樹は人なつこい笑顔を向けました。

学習日　／

1　―(あ)大樹がこのように言ったのはなぜですか。□に当てはまる言葉を文章中から探して書きましょう。

□に桜が丘に□ばかりだから。

2　町田先生が、あかりにイベントの紹介をさせようとするのは、企画にだれがかかわっているからですか。合う人物に○をつけましょう。

あかり・あかりの父

3　待ち合わせに、あかりとともに現れたのはだれですか。文章中から氏名を探して書きましょう。

□

「あかりちゃん、透くん、今日はわざわざありがとう。こっちは妹の花。いっしょに行きたいと言って聞かなくて。ほら、自分であいさつして。」

大樹が花の背中をそっと押すと、花はぎこちなく頭を下げました。

「こんにちは。山野花です。三年生です。よろしくお願いします。」

「いつもは元気いっぱいなんだけど、今日は緊張しているのかも。Ⓒ**借りてきた猫**みたいだけど、そのうちいつも通りになると思う。」

大樹が言うと、透が優しくあいさつをしました。

「こんにちは。お兄さんと同じクラスの清水透です。」

「じゃあ、行こうか。なぞ解きイベントの受付はあそこなの。」

あかりが指さしたイベントテントの横に「桜が丘トレジャー」ののぼりが立っていて、四人は「小学生コース（初級）」に申しこみをしました。

受付の人から一人ずつ、なぞ解きキットを受け取ると、中身はクリアファイルに入った二つ折りのイラストマップとペンのセットでした。

マップは桜が丘のいろいろなスポットをめぐるすごろくのようになっていて、マップの裏側にはこんなストーリーが書かれていました。

言葉の問題にチャレンジ！

次の言葉の意味に合うものを選び、記号に○をつけましょう。

Ⓐ **えりを正す**
- ア まちがいを指摘する。
- イ 気持ちを引きしめる。
- ウ 声を大きくする。

Ⓑ **気の置けない**
- ア 心から打ち解けられる。
- イ 常に油断ができない。
- ウ 心配で放っておけない。

Ⓒ **借りてきた猫**
- ア 置物のように少しも動かない。
- イ ふだんとちがっておとなしい。
- ウ こちらの言うことを聞かない。

← 答えは24ページ

桜が丘はいにしえより、水の神、火の神、風の神、土の神、雷の神の※結界によって守られていた。しかし、天から落ちた星の神により結界がこわれ、結界を張る呪文が散らばるというⒹ**空前絶後**、**驚天動地**の大事件が起きた。呪文のかけらを集め街の結界を復活させるのはキミだ！

「……というわけでね、それぞれの神さまが出すなぞを解いて呪文のかけらを手に入れるの。㋑最初の神さまのなぞはこっちに書いてあるよ。」

あかりが、なぞ解きについて説明し、最初のなぞを読み上げました。

結界がこわれたとき、私は身を固くしたが粉々にくだけてしまった。

やがてとけて日に照らされ空にのぼり、人の目には見えない姿となった。

私は姿を変えても同じ重さだが、体の大きさはかなり変わる。体が一番大きいときの私の姿は何か。文字数の分だけ進め。

「私、小学生コースのなぞ解き作りを手伝ったから、答えを知っているの。私はⒺ**口が滑らない**ようにするから、三人でなぞ解きをしてね。このなぞは五年生にはⒻ**あっけなく**解けるよね。花ちゃんはわかる？」

あかりが聞くと、花は不安そうに首を横にふりました。

「そっか。じゃあ、水、火、風、土、雷の中で、姿が変わるのってどれだと思う？」

「水かな？　こおって氷になるから。でも、空にのぼるの？」

花が自信なさげに答えると、今度は透が助け船を出しました。

「皿に水を入れてずっと置いておくと、その水はどうなるかな？」

「消えちゃうよ。あ、水蒸気になるって聞いたことがある！」

4 ―㋑最初の神さまとはなんのことですか。文章中から探して書きましょう。

5 ―㋒水が気体に姿を変えるとき、体積は何倍になりますか。文章中から探して書きましょう。

6 最初の神さまのなぞに答えたのはだれですか。また、答えはなんでしたか。合う組み合わせを選んで記号に○をつけましょう。

ア　人：あかり　答え：水蒸気

イ　人：大樹　答え：水

ウ　人：花　答え：水蒸気

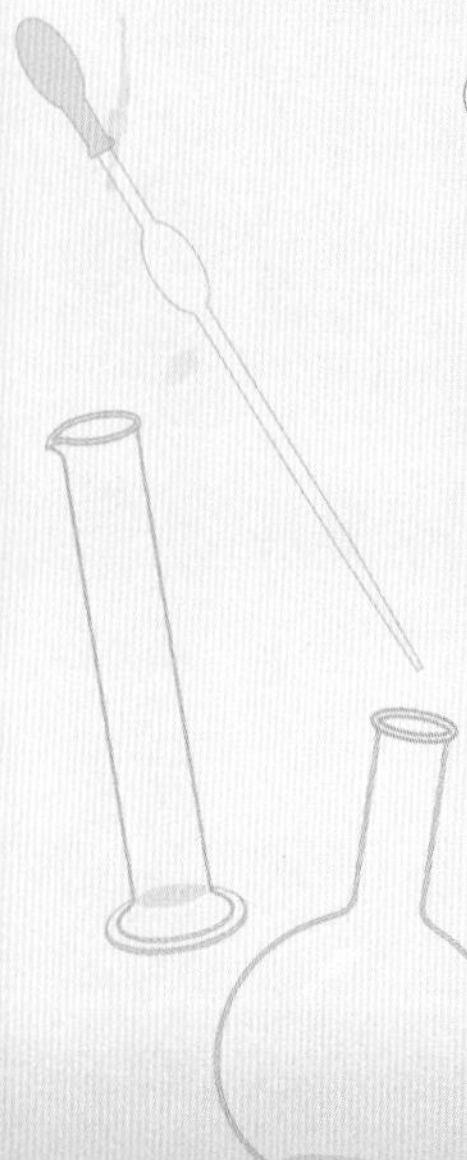

花が興奮した様子で答えました。

「正解! ㋒水が水蒸気という気体に姿を変えるんだけど、目には見えないから、このなぞと合っているよね。氷は水の体積の約一・一倍、水蒸気は水の約一七〇〇倍になるんだ。だから、一番体が大きいのは……。」

「水蒸気!」

花が透の言葉を引き取って答えて、**破顔一笑**しました。

「文字数の分だけ進めって、このマップのマス目のことだよね。『す、い、じ、よ、う、き』で六マス進むと……次の行き先は『龍神池の売店』だ。」

大樹がマップを見て、次の行き先をつき止めました。

四人が龍神池の売店に到着すると、スタンプ台がありました。それぞれマップにスタンプを押して、店員さんに見せると、「おめでとう。」という言葉とともに紙が巻かれたペットボトルの水をわたされました。紙には、

私は水、氷、水蒸気に変化する水の神だ。龍神池の湧き水は、水質がよく、江戸時代初期より茶の湯に使われた宝だ。街を救う呪文の一つ目の文字は『さ』だ。

と、書いてありました。

※結界…災いを防ぐための境目。

言葉の問題にチャレンジ!

次の言葉を正しい意味で使っている文を選び、記号に○をつけましょう。

Ⓓ 空前絶後

㋐ 空前絶後、よくあることだ。
㋑ 空前絶後を見わたす。
㋒ 空前絶後の大ブームになったマンガ。

Ⓔ 口が滑る

㋐ よく口が滑って話し上手だ。
㋑ 口が滑って秘密をもらす。
㋒ 口が滑るので信頼できる。

Ⓕ あっけない

㋐ 子どものあっけない寝顔。
㋑ 彼女はあっけない性格だ。
㋒ あっけない結末の物語。

← 答えは24ページ

なぞ 02

色を変える神の宝をゲットせよ！

一つ目のなぞを解き終えた四人は、売店のスタンプ台のそばで、立て札を見つけました。そこには二つ目のなぞが書かれていました。

人間は私を**あがめる**が、動物は私にⒶ**たじろぐ**。また、私は特定の金属と結びつくと、赤、黄、紫、青緑などに色を変える。私が夜空ではかなく散るとき、人は私をなんと呼ぶか。呼び名の文字数の分だけ進め。

あかりが読み上げると、

「夜空で散る花って、花火のことかな？」

と、花が首をかしげました。

「そうだね。前に高校生のいとこと花火大会に行ったとき、Ⓐ金属を炎に入れると特有の色を示すと教わったんだ。花火は、その性質を利用しているって。リチウムが赤、ナトリウムが黄色、カリウムが紫、銅が青緑だったかな。炎色反応というんだって。」

透がすらすらと説明します。

学習日 ／

1 ―あ どんな色ですか。例として挙げられている四つの色を、文章中から探してすべて書きましょう。

2 ―あ この反応をなんといいますか。文章中から探して漢字四文字で書きましょう。

3 ―い 花がこのような様子なのはなぜですか。合うものを選んで記号に○をつけましょう。

ア なぞの答えがわかったから。

イ 花火大会が楽しみだから。

ウ 目の前の花火がきれいだから。

「じゃあ、『は、な、び』の三マス進めばいいんだね。ええと、次は『花見川大橋ふれあい公園』だって。」

大樹がマップを見ながらそう言って、みんなに移動をⒷ**促し**ました。

「花見川大橋は、夏休みの花火大会で花火が一番きれいに見える場所なの。職人さんが音楽に合わせて、花火の打ち上げのタイミングや数を**自由自在**にあやつっていて、とても見ごたえがあるよ。ただ、橋で立ち止まって見るのは禁止で、橋の両側にある会場で見るんだけどね。」

公園に向かう道すがら、あかりが花火大会の様子を生き生きと説明しました。

「え、花火大会があるの？　夏休みが楽しみだなぁ！」

花がⒸ**胸を躍らせ**て言いました。(い)心なしか、はずむように歩いています。

花見川大橋ふれあい公園に着くと、駅と同じイベントテントとのぼりが立っていました。テントの中でスタンプを押してスタッフに見せると、

「おめでとう。はい、好きな手持ち花火を一ふくろずつ選んでね。」

と、言われました。

「わあ、これ四人でやりたいな！」

花は花火のふくろを一つ選ぶと、うれしそうに言いました。ふくろにはやはり紙が巻かれています。開いてみると、

私は火の神。桜が丘の花火大会は、周辺の街からも大勢の人が集まる桜が丘の宝だ。街を救う呪文の二つ目の文字は『く』だ。

と、書いてありました。

言葉の問題にチャレンジ！

次の言葉の意味に合うものを選び、記号に○をつけましょう。

Ⓐ **たじろぐ**
- ア 相手に圧倒されてしりごみする。
- イ 相手に負けずに堂々とする。
- ウ 相手に無関心な態度をとる。

Ⓑ **促す**
- ア 仕向ける。
- イ 同意する。
- ウ 命令する。

Ⓒ **胸を躍らせる**
- ア 激しい運動で息を切らす。
- イ 喜びや興奮でわくわくする。
- ウ 感情が入り混じって混乱する。

答えは25ページ

なぞ03

縁結びの神の宝をゲットせよ！

三つ目の立て札は、花見川大橋ふれあい公園のテント横にありました。

私は植物の縁結びを行う。スギ、ヒノキ、イネ、トウモロコシ、ヨモギたちは、私が縁を結ぶからこそ実を結ぶのだ。縁結びを別の言い方に変えて、その文字数の分だけ進め。

あかりが読み上げると、花がびっくりしたような声を上げました。

「これ知っているよ！　おじいちゃんとおばあちゃんが、畑で毎年トウモロコシを育てているから。風の力で花粉が飛んで受粉すると実がなるんだって。今年もそろそろ種まきすんだかなあ。」

花が、**望郷**の念にかられたような顔をしました。

「花ちゃんよく知っているね。Ⓐ風の力で花粉を運んでもらって受粉する植物を、風媒花というよ。」

ちなみに、イチゴ狩りに行くとハチがいるのは、イチゴが虫媒花で、ハチが受粉の手伝いをし

学習日　／

1　―Ⓐ風媒花のうち、花が知っていたものはなんですか。文章中から探して書きましょう。

2　イチゴ狩りに行くとハチがいるのはなぜですか。□に当てはまる言葉を文章中から探して書きましょう。

ハチがイチゴの□の手伝いをしているから。

3　あかりと透はどんな関係ですか。合うものを選んで記号に○をつけましょう。

ア　あかりが透の姉気取り。

イ　家がとなり同士。

ウ　透はあかりの兄。

ているからなんだ。」

透が花の知識に感心しつつ、補足しました。大樹は、理科の話題になると透がよくしゃべることに気づきました。

「透くんは、理科が得意なんだね。ぼくも理科は好きだよ。花は生き物が好きなんだよな？　あかりちゃんは何が得意なの？」

「あかりは断トツで国語だよな。まあでも、勉強はなんでも得意だよ。」

あかりが答える前に、なぜか透が得意げに答えました。

「家がとなり同士で誕生日が少し早いだけで、私のお兄さん気取りなの。」

あかりはため息をつきましたが、大樹と花はくすっと笑いました。

「二人はとても仲がいいんだね。ええと、マップは、『じ、ゅ、ふ、ん』で四マス進めばいいね。次の行き先は『みずほ公園近くの光風堂』だって。」

「光風堂は、Ⓐ**趣**のある店構えの老舗和菓子店で、Ⓑ**老若男女**に人気なの。」

あかりの流れるような説明に、大樹と花は感心するばかりです。

光風堂に着くと、入口でマップにスタンプを押して店内に入りました。

「正解おめでとう。桜が丘のヨモギたっぷりの草餅をどうぞ。」

店員さんが一つずつ手わたしてくれました。いっしょについてきた紙には、
私は風の神。花見川流域には**かつて**田畑が広がっていた。桜が丘産の米や野菜は貴重な宝だ。街を救う呪文の三つ目の文字は『ら』だ。

と、書いてありました。

「ここまでⒸ**順風満帆**だね！　次はどこに行くのか楽しみだな。」

大樹は、四人が打ち解けてきたことをうれしく思いながら言いました。

言葉の問題にチャレンジ！

次の言葉の意味に合うものを選び、記号に○をつけましょう。

Ⓐ **趣**
- ア 休日の楽しみ。
- イ 通りに面した門。
- ウ 風情や味わい。

Ⓑ **老若男女**
- ア ありとあらゆる人々。
- イ すでに成人した人々。
- ウ まだ成人していない人々。

Ⓒ **順風満帆**
- ア ものごとが順調に進んでいる様子。
- イ 困難に負けずに進んでいく様子。
- ウ 目的を果たして満足する様子。

答えは25ページ

なぞ04 地下の守り神の宝をゲットせよ！

光風堂の入口の横に、次の立て札がありました。

私は、この地の下でⒶ**しのぎを削っている**四柱の神の力から、桜が丘を守っている。しかし、あ大陸神と海洋神の力は強大で、**こらえる**ことができずにⒷ**屈服**してしまうこともある。そのときに起きる現象の文字数の分だけ進め。

あかりが読み終えると、大樹がぴんと来たという顔をしました。

「たぶん、大陸神がユーラシアプレートと北米プレートを、海洋神がフィリピン海プレートと太平洋プレートをⒸ**示唆**していると思う。どれも、日本列島の地下にあるプレートなんだ。ぼくと花が住んでいたN県の下にはプレートの境界があって、その影響を受けている断層が多いよ。」

「こんなにプレートがせめぎ合っているのは、世界でも日本くらいなものだからね。」

学習日 ／

1 ——あ大樹はこれらがなんのことを表すと考えましたか。□に当てはまる言葉を文章中から探して書きましょう。

□の地下にある□。

2 ——あこれらが屈服すると何が起きますか。文章中から探して漢字二文字で書きましょう。

3 イベントのなぞ解きは、何をするために作られましたか。文章中から探して十一文字で書きましょう。

大樹の説明に、透もうんうんとうなずきながら付け足しました。

「じゃあ、『だ、ん、そ、う』の四マス進めばいいの？」

花が聞くと、大樹は首を横にふりました。

「屈服すると起きる現象だから『じ、し、ん』だね。」

「そっか。日本って地震多いもんね。」

「この神さまが実在して**縁の下の力持ち**としてがんばってくれたら、もっと地震が減るのかな。でも、自分で地震に備えることも大切だよね。ほら、『天は自ら助くる者を助く』っていうもんね。」

あかりが茶目っ気たっぷりに言ったので、花もふふっと笑いました。

「それで、三マス進むと……次の行き先は『湧水神社』だ。あっちだよ。」

透がみんなを先導し、歩きだしました。

「湧水神社はがけの上にあって、花見川沿いの桜を上から見わたせる名所なの。がけからは小さな滝が流れていて、滝つぼの近くは夏でも少しすずしいよ。木がしげっていて見づらいけれど、がけには地層のしま模様が直接見える場所もあるよ。露頭って言うんだって。」

あかりが説明をすると、花はすっかり感心した様子です。

「あかりちゃんって、本当に街のことにくわしいね。小学生なのに、こんななぞ解きを作っちゃうなんてすごいなあ！」

「だって、街の魅力を発信するためのなぞ解きだもん。街のいいところを、できるだけたくさん入れたいじゃない？　だから、なぞ解きの舞台になりそうな場所を、お父さんとあちこち見て回ったの。」

言葉の問題にチャレンジ！

次の言葉の意味に合うものを選び、記号に○をつけましょう。

Ⓐ しのぎを削る
- ㋐ じっとたえる。
- ㋑ 激しく争う。
- ㋒ 静かに待つ。

Ⓑ 屈服
- ㋐ 相手の力にほろぼされること。
- ㋑ 相手の勢いに負けて従うこと。
- ㋒ 相手を前にしてにげだすこと。

Ⓒ 示唆
- ㋐ わかりやすく教えること。
- ㋑ それとなく知らせること。
- ㋒ はっきりと書き記すこと。

← 答えは26ページ

「えっ、ぼくと行った場所のほうが多いじゃないか。カメラとか重い荷物も持ってやったのに。なぞ解き作りはたのまれなかったけどさ。」

透は、ちょっぴり不服そうな顔をしました。

「はいはい、手伝ってくれてありがとうございました。」

大樹と花は、おかしくてブハッと吹き出しました。駅前で集合したときには表情が固かった花が、すっかりリラックスした様子です。

「透くん、あかりちゃんについてきてくれてありがとうね。ぼくも、花も、男女二対二のほうが気楽だし、楽しいよ。」

「ほうら！　ぼくが来たほうがよかったじゃないか！」

透は得意げに言うと、あかりが苦笑いでうなずきました。

「そうだね。大樹くんもありがとう。人見知りの透が、今日はとても楽しそうだし。私も、花ちゃんといっしょで楽しいし。」

「本当？　私もすごく楽しい！」

あかりと花も、うれしそうに笑い合いました。

やがて、四人は鳥居をくぐり、石段を上がりました。石段を上がりきってふり返ると、㋑<u>桜が丘の街が一望できる素晴らしい見晴らし</u>でした。

「春休みのころなら桜が咲いていて、もっときれいなんだよ。ただ、そのころは花見客でⒹ**芋を洗う**ような混雑ぶりだけどね。」

透はそう言うと、「それで、あっちが湧水神社。」と、案内しました。

湧水神社はⒺ**厳か**で**崇高**なたたずまいでした。

「湧水神社にまつられている神さまは、地域の人にとてもⒻ**敬われて**いるの。

4 ―㋑ここの見晴らしが素晴らしいのは、はるか昔にどんなことが起きたからですか。合うものを選んで記号に○をつけましょう。

ア　神さまが地域の人に敬われたこと。

イ　春になって桜が咲きだしたこと。

ウ　地震で地形が変わったこと。

5 桜が丘の特徴として、見晴らしの他に何が挙げられますか。文章中から探して六文字で書きましょう。

6 あかりはみんなに何をすることを促していますか。□に当てはまる言葉を文章中から探して書きましょう。

神さまに［　　　　］すること。

桜が丘の守り神として、いろんな災いから**不眠不休**で守ってくれているんだって。」

あかりが、静かに言いました。

「あっ、見て！　あそこに『桜が丘トレジャー』ののぼりが立っているよ！」

花がかけだし、大樹と透も続いて行ってしまいました。

あかりは「あっ、先に神さまにお参り……。」と言いかけましたが、肩をすくめてみんなのあとを追いました。スタンプが置いてあったのは、お守りの授与所でした。四人そろってマップにスタンプを押して、巫女さんに手わたします。

巫女さんは笑顔で「おめでとうございます。」と言うと、桜の花の形をしたお守りを授けてくれました。お守りと同時にわたされた紙には、

私は土の神。はるか昔の地震で地形が変わったことで、桜が丘の素晴らしい眺望と豊かな湧き水が生まれた。眺望も桜が丘の宝だ。街を救う呪文の四つ目の文字は『さ』だ。

と、書かれていました。

あかりが「残るなぞはあと一つだよ！　でもその前に、神さまにはきちんとお参りしていこうね。」と、にこっと笑いました。

言葉の問題にチャレンジ！

次の言葉を正しい意味で使っている文を選び、記号に○をつけましょう。

D 芋を洗う

- ア　だれもおらず、芋を洗うようだ。
- イ　園内は芋を洗うような混みようだ。
- ウ　人影はまばらで芋を洗うようだ。

E 厳か

- ア　毎日の復習を厳かにする。
- イ　厳かな行いを反省する。
- ウ　式典は厳かにとり行われた。

F 敬う

- ア　弱気な息子の将来を敬う。
- イ　おろかな行為を敬う。
- ウ　母を師と敬う。

答えは26ページ

なぞ05

とどろく神の宝をゲットせよ！

あかりに言われた通りに四人は手水舎でお清めをします。大樹は礼儀正しく手を合わせ、Ⓐ**明鏡止水**の心境でお参りをしました。

「桜が丘トレジャーが大、大、大成功で終われますように！」

「最近、大陸神と海洋神に押されすぎじゃないですか。もう少しふんばってくれると助かります！」

あかりと透が大声で言いました。湧水神社の神さまは敬われていると言っていたわりに、無遠慮なお願いです。大樹の口から思わずブフッと笑いがもれましたが、あかりも透も気づかなかったようでした。

四人がⒷ**きびすを返して**お守りの授与所まで戻ると、建物のわきに立て札があるのに気がつきました。

私を生む力は雲の中の氷のつぶがぶつかり合ってたまっていく。雲の中にためきれなくなったときに私が生まれ、光、熱、音とともに雲と地面との間を**電光石火**の速さで走る。私を生む力は何か。文字数の分だけ進め。

あかりが読み上げると、透が「簡単。『せ、い、で、ん、き』だ。」と言って、クリアファイルであかりの髪の毛をくしゃくしゃにこすりました。あかりの長い黒髪が、頭のてっぺんでふわっと持ち上がります。（あ）

学習日 ／

1 ―あ 何が原因でこうなったのですか。文章中から探して三文字で書きましょう。

2 険悪になったのはだれとだれですか。合うものに○をつけましょう。

大樹と花・あかりと透

3 「みのり米店」の店の半分は何になっていますか。文章中から探して書きましょう。

「ほら、これも静電気。冬に金属をさわるとバチッと火花が出るのは、雷と同じ静電気の放電現象。それにしても、あかりは静電気体質だな。」

透が真顔でいうと、びっくり顔で固まっていたあかりが、

「もう、人を実験台にしないでよっ！ブラシを持っていないのに！」

と、ほっぺたをふくらませて、透に背を向けてしまいました。

とつぜんの**険悪**な雰囲気に、大樹と花は**Ⓒ当惑**しました。大樹はなんとか気まずい空気を晴らそうと、透とあかりの間に割って入りました。

「透くん、やりすぎだよ。あかりちゃん、大丈夫？」

「ご、ごめん、あかり。調子に乗った。悪かったよ。」

「はあ、いつものことだし、もういいよ。……大樹くん、ありがとう。気をつかわせてごめんね。ええと、次は何マス進むんだっけ？」

透はいごこちが悪そうな顔ですが、あかりは大樹に笑顔を向けました。

「答えが『静電気』だと、五マスだね。次は『みのり米店』だって。」

「そのお米屋さんね、お店の半分がおにぎり屋さんになっているの。桜が丘産のめずらしいお米を使っていて、とってもおいしいんだよ！」

笑顔のあかりにみんなほっとして、みのり米店へ向かいました。

言葉の問題にチャレンジ！

次の言葉の意味に合うものを選び、記号に○をつけましょう。

Ⓐ 明鏡止水
- ア さまざまな感情がうず巻く気持ち。
- イ 不平不満でいっぱいの気持ち。
- ウ 澄みきった静かな気持ち。

Ⓑ きびすを返す
- ア 借りたものを返す。
- イ もらったものを返す。
- ウ 道を引き返す。

Ⓒ 当惑
- ア 腹が立つこと。
- イ めいわくに感じること。
- ウ 戸惑うこと。

← 答えは27ページ

スタンプ台は米店の店先にありました。全員でスタンプを押してお店に入ると、お店のおばさんがにっこり出むかえてくれました。

「あら、あかりちゃん！　おかげさまで、たくさんの人がなぞ解きに来てくれているわよ。久しぶりに**猫の手も借りたい**くらいなの。」

「いえいえ、桜が丘産の食材を使っているお店をアピールして、地域の活性化につなげるのも、今回の企画の**理念**ですから。」

あかりがお店の人と話すのを見て、花が「あかりちゃんって大人とも知り合いでⒹ**顔が広い**ね、すごい！」と目をきらきらさせました。

「あらあら、お友だちをお待たせしてごめんなさいね。はい、この中からおにぎりを一つずつ選んでちょうだいね。」

おばさんに言われて、それぞれが好きな具のおにぎりを選びました。

同時にわたされた紙には、

私は雷の神。雷の多い花見川流域での稲作は、豊作になりやすい。ⓘ雷が放電するとき空気中のちっ素が酸素と結びつき、雨にとけて肥料になるからだ。雷によって豊かに実った米は桜が丘の宝だ。街を救う呪文の最後の文字は『く』だ。

と、書いてありました。

「これで呪文がそろったね！『さ・く・ら・さ・く』だって！」

四人はすべてのスタンプと呪文がそろったマップを持って、駅前の受付に戻りました。スタッフから「桜が丘の英雄」認定カードをわたされ、みんな大満足です。大樹も花も、すっかり桜が丘が好きになっていました。

4 ―ⓘ雷によって米が豊かに実るのはなぜですか。説明した次の文の□に当てはまる言葉を文章中から探して書きましょう。

雷が［　　　］するとき、空気中の［　　　］が酸素と結びつき、雨にとけて［　　　］になるため。

5 なぞ解きを通して、大樹はどんな気持ちになりましたか。合うものを選んで記号に○をつけましょう。

ア　理科を好きになった。

イ　桜が丘を好きになった。

ウ　あかりを好きになった。

「参加費を払ったけれど、全部のスポットでお土産をもらえて、すごくお得だった。それに、このなぞ解きで、すっかり桜が丘が好きになったよ。制作に参加したあかりちゃんは、本当にすごいね！」

大樹に言われ、あかりは「ありがとう。」と、赤くなりました。

あかりとずいぶん親しげになった大樹に、花はⒺ**羨望**のまなざしを向けました。

「うん、あかりはすごいんだよ。なぞ解きのⒻ**エキスパート**だからね。」

なぜか透までうれしそうです。

「マップには、今回行かなかったところもたくさんあるよね。ここを全部回ったら、もっともっと桜が丘にくわしくなれるかな？」

花が、きらきらした目であかりを見上げました。

「ふふふ、みんなありがとう。今回行かなかった場所も、『中級』、『上級』のなぞ解きで回れるの。よかったらまた参加してみてね！」

「うん、あかりちゃんといっしょに挑戦したいな。」

花がにっこりと笑いました。ちょっとしたハプニングはありましたが、大樹と花は、あかりと透と参加できてよかった、と思いました。

言葉の問題にチャレンジ！

次の言葉を正しい意味で使っている文を選び、記号に○をつけましょう。

Ⓓ 顔が広い

ア 岩手県は顔が広い。
イ 母は職業柄、顔が広い。
ウ 顔が広くて、人付き合いがない。

Ⓔ 羨望

ア 人気者の彼は羨望の的だ。
イ あまりに困難な状況に羨望する。
ウ 明るい未来に羨望をいだく。

Ⓕ エキスパート

ア ゴール前でエキスパートをかける。
イ 弁護士は法律のエキスパートだ。
ウ 電線がエキスパートする。

⬅答えは27ページ

答えと解説

なぞ01 姿を変える神の宝をゲットせよ！ 8〜11ページ

【8・9ページ】

① 春休み・引っ越してきた

解説
8ページ1・2行目にある大樹の自己紹介の内容に注目しましょう。「春休みに引っ越してきたばかりで、桜が丘のことはまだ全然知りません」とあります。

② あかりの父

解説
8ページ6行目の町田先生の言葉に「星さんのお父さんの会社が企画したイベントなんだよね？」とあることに注目しましょう。「星さん」とは、あかりのことです。

③ 清水透

解説
8ページ12行目からの待ち合わせの場面に注目して考えましょう。15行目のあかりの言葉に「こっちは清水透くん」とあり、ついてきたという透を紹介しています。

言葉の問題にチャレンジ！

Ⓐ イ　Ⓑ ア　Ⓒ イ

言葉の学習
お話に出てきた言葉の意味を確かめましょう。

同行……いっしょに行くこと。
無愛想……愛想がなく、人当たりがよくないこと。

【10・11ページ】

④ 水の神

解説
文章を読み進めていくと、11ページ18行目に「私は水、氷、水蒸気に変化する水の神だ」とあります。また、途中の内容からも、水が話題の中心になっていることを読み取れます。

⑤ (約)一七〇〇倍

解説
11ページ7・8行目の透の言葉に「水蒸気は水の約一七〇〇倍になるんだ」とあることから考えましょう。水蒸気は、水が気体になったものです。

⑥ ウ

解説
11ページ9行目の「一番体が大きいのは……」という透の言葉に続けて、10行目で「水蒸気！」と答えたのは花です。すぐあとに「花が透の言葉を引き取って答え」とあるのでわかります。「水蒸気」が答えであると考え、実際に次のチェックポイントを見つけられたので、花の答え「水蒸気」がたしかに正解であったとわかります。

言葉の問題にチャレンジ！

Ⓓ ウ　Ⓔ イ　Ⓕ ウ

解説
「空前絶後」は「これまでもこれからもないほど、非常にめずらしいこと」、「口が滑る」は「秘密をうっかり言ってしまう」、「あっけない」は「期待はずれで面白味がない」という意味です。

言葉の学習
お話に出てきた言葉の意味を確かめましょう。

驚天動地……世間をあっとおどろかせること。
破顔一笑……顔をほころばせて、にっこりと笑うこと。

なぞ02 色を変える神の宝をゲットせよ！ 12・13ページ

【12・13ページ】

① 赤、黄（色）、紫、青緑

解説 12ページ3・4行目に「特定の金属と結びつくと、赤、黄、紫、青緑などに色を変える」とあります。また、透の言葉に「リチウムが赤、ナトリウムが黄色、カリウムが紫、銅が青緑」（13～15行目）とあります。

② 炎色反応

解説 読み進めていくと、12ページ13行目からの透の言葉に、「リチウムが赤、～」という色についての説明があったあとで、「炎色反応というんだって」（16行目）と書いてあります。

③ イ

解説 「はずむように歩く」とは、楽しくてはしゃいでいる様子を表します。——いのすぐ前の部分に「え、花火大会があるの？　夏休みが楽しみだなぁ！」（13ページ10行目）とあることに注目して考えましょう。

言葉の問題にチャレンジ！

Ⓐ ア　Ⓑ ア　Ⓒ イ

言葉の学習 お話に出てきた言葉の意味を確かめましょう。

あがめる……尊い存在として、敬意を払う。

自由自在……思う存分、好きなようにふるまう様子。

なぞ03 縁結びの神の宝をゲットせよ！ 14・15ページ

【14・15ページ】

① トウモロコシ

解説 14ページ6～9行目の花の言葉に注目して考えましょう。「畑で毎年トウモロコシを育てている」、「風の力で花粉が飛んで受粉すると実がなるんだって」と言っています。

② 受粉

解説 14ページ15・16行目「イチゴ狩りに行くとハチがいるのは、～」のあとに続く説明に注目しましょう。「ハチが受粉の手伝いをしているから」（14ページ17行目・15ページ1行目）とあります。

③ イ

解説 15ページ8行目に注目しましょう。あかりが透のことを「家がとなり同士で誕生日が少し早いだけで、私のお兄さん気取りなの」と説明しています。

言葉の問題にチャレンジ！

Ⓐ ウ　Ⓑ ア　Ⓒ ア

言葉の学習 お話に出てきた言葉の意味を確かめましょう。

望郷……ふるさとをなつかしく思うこと。

かつて……前に。その昔。

なぞ04 地下の守り神の宝をゲットせよ！ 16〜19ページ

【16・17ページ】

1 日本列島・プレート

解説
16ページ7〜14行目の大樹の言葉に注目して、□に当てはまる言葉を探しましょう。大樹が「どれも、日本列島の地下にあるプレートなんだ」とまとめています。

2 地震

解説
17ページ4行目に「屈服すると起きる現象だから『じ、し、ん』だね」とあります。問題文に「漢字二文字で」と指定があるので、漢字で答えましょう。

3 街の魅力を発信するため

解説
17ページ19行目のあかりの言葉に、「街の魅力を発信するためのなぞ解きだもん」とあることに注目して答えましょう。

言葉の問題にチャレンジ！
Ⓐ イ
Ⓑ イ
Ⓒ イ

言葉の学習
お話に出てきた言葉の意味を確かめましょう。
こらえる……つらい状況をがまんしてたえる。
縁の下の力持ち……みんなのためにかげで苦労や努力をする存在。

【18・19ページ】

4 ウ

解説
文章を読み進めていくと、19ページ16・17行目に「はるか昔の地震で地形が変わったことで、桜が丘の素晴らしい眺望と豊かな湧き水が生まれた」とあります。

5 豊かな湧き水

解説
19ページ16・17行目に「桜が丘の素晴らしい眺望と豊かな湧き水が生まれた」とあり、「眺望」と並んで「豊かな湧き水」が桜が丘の特徴であることがわかります。

6 お参り

解説
最後のあかりの言葉に注目しましょう。「神さまにはきちんとお参りしていこうね」（19ページ20・21行目）と言っています。

言葉の問題にチャレンジ！
Ⓓ イ
Ⓔ ウ
Ⓕ ウ

解説
「芋を洗う」は「とても混雑していること」、「厳か」は「重々しく、気が引きしまる様子」、「敬う」は「相手を尊敬して礼をつくす」という意味です。

言葉の学習
お話に出てきた言葉の意味を確かめましょう。
崇高……気高く尊い様子。
不眠不休……少しも休むことなくはげむこと。

科学の解説
地球の表面は、十数枚の「プレート」という板状の岩におおわれています。プレートは少しずつ動いているため、重なり合って、片方が引きずりこまれることがあります。引きずりこまれたプレートのひずみが大きくなると、強い反発力がはたらいて、地震が起こるのです。日本はプレートの集まる場所にあり、地震が起きやすいので、災害に備えておくことが大切です。

なぞ05 とどろく神の宝をゲットせよ！ 20〜23ページ

【20・21ページ】

① 静電気

解説
―あの前後の透の行動や言葉に注目しましょう。「クリアファイルであかりの髪の毛をくしゃくしゃにこすりました」（20ページ16行目）とあり、そのあとで「ほら、これも静電気」（21ページ1行目）と言っています。

② あかりと透

解説
21ページ11・12行目に「とつぜんの険悪な雰囲気に、大樹と花は当惑しました。〜透とあかりの間に割って入りました」とあることから考えましょう。

③ おにぎり屋（さん）

解説
21ページ19行目であかりが「そのお米屋さんね、お店の半分がおにぎり屋さんになっているの」と言っています。「そのお米屋さん」とは、直前にある「みのり米店」のことです。

言葉の問題にチャレンジ！
Ⓐ ウ　Ⓑ ウ　Ⓒ ウ

言葉の学習
お話に出てきた言葉の意味を確かめましょう。
電光石火……動きがとても速いこと。
険悪……表情や態度がとげとげしくなること。

【22・23ページ】

④ 放電・ちっ素・肥料

解説
―いの直前、22ページ13〜15行目の二文をよく読んで考えましょう。花見川流域では雷が多く、雷の放電によって空気中のちっ素が酸素と結びつき、雨にとけてできた肥料があるため、栄養が豊富で稲が育ちやすいというわけです。

⑤ イ

解説
23ページ3〜5行目の大樹の言葉に「このなぞ解きで、すっかり桜が丘が好きになったよ」とあります。

言葉の問題にチャレンジ！
Ⓓ イ　Ⓔ ア　Ⓕ イ

解説
「顔が広い」は「交友関係が広く、知り合いが多い」、「羨望」は「うらやむこと」、「エキスパート」は「ある分野で経験を積み、高度な技術を持つ人。専門家」という意味です。

言葉の学習
お話に出てきた言葉の意味を確かめましょう。
猫の手も借りたい……とてもいそがしいうえに人手不足で、だれでもいいから手伝ってほしいことのたとえ。
理念……あることについて、こうあるべきだという根本的な考え。

科学の解説
人やものはすべて、プラスとマイナスの電気を持っています。この電気は、こすり合わせることでものとものの間を移動するため、プラスとマイナスのバランスがくずれて電気をためこむことがあります。このためこまれた電気を「静電気」といいます。冬にドアノブにさわろうとしてバチッと痛みを感じるのは、静電気が空気中に放出されるからです。雲の中でも、氷のつぶがこすれ合って、静電気が発生しています。雲が静電気をためこみきれなくなると、静電気が空気中に放出され雷が発生します。

もっと理解を深めよう

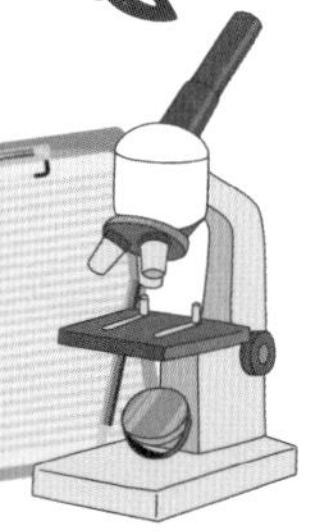

その01 水の姿の変化

8〜11ページ

水を百度まで熱すると、さかんに**あわ**（**水蒸気**）が出ます。温度が上がって水の中からあわが出ることを**ふっとう**といいます。

水は、ふっとうすると量が減ります。それは、水には「ふっとうすると、水蒸気に変わって空気中ににげていく」という性質があるからです。

水のように、目に見えていて形が変わるものを**液体**といいます。一方、水蒸気のように目に見えず形が自由に変わるものを**気体**といいます。さらに、氷のように形が変わらないものを**固体**といいます。液体である水は、熱すると気体である水蒸気に、冷やすと固体である氷に変化します。

水が減るのは、ふっとうしたときだけではありません。そのまま置いておいても、少しずつ水蒸気になって空気中ににげていくため、量が減ります。このように、液体が表面で少しずつ気体に変化することを、**蒸発**といいます。

その03 花のつくりと受粉

14・15ページ

花には、数本の**おしべ**と一本の**めしべ**があります。アサガオなどは、一つの花におしべとめしべがありますが、ヘチマなどのように、おしべがある花（**お花**）とめしべがある花（**め花**）の二種類の花が咲く植物もあります。

おしべの先では、**花粉**がつくられています。花粉がめしべの先につくと、めしべの根もとがふくらんで、中に**種子**ができます。このように、おしべの花粉がめしべにつくことを**受粉**といいます。花には、受粉することで種子をつくるはたらきがあるのです。

アサガオは、つぼみから花が開くときに、短かったおしべがめしべより長くのび、おしべの花粉をめしべにつけて受粉します。

けれど、自分の力で受粉できない花も多くあります。このような花は、きれいな花びらや、花の奥から出るあまいみつなどで虫や鳥をさそい、受粉を助けてもらいます。花に近づいたときに体に花粉をつけて、花粉を他の花のめしべに運んでもらうのです。また、トウモロコシやイネなどのように、風に花粉を運んでもらう植物などもあります。

アサガオの花のつくり

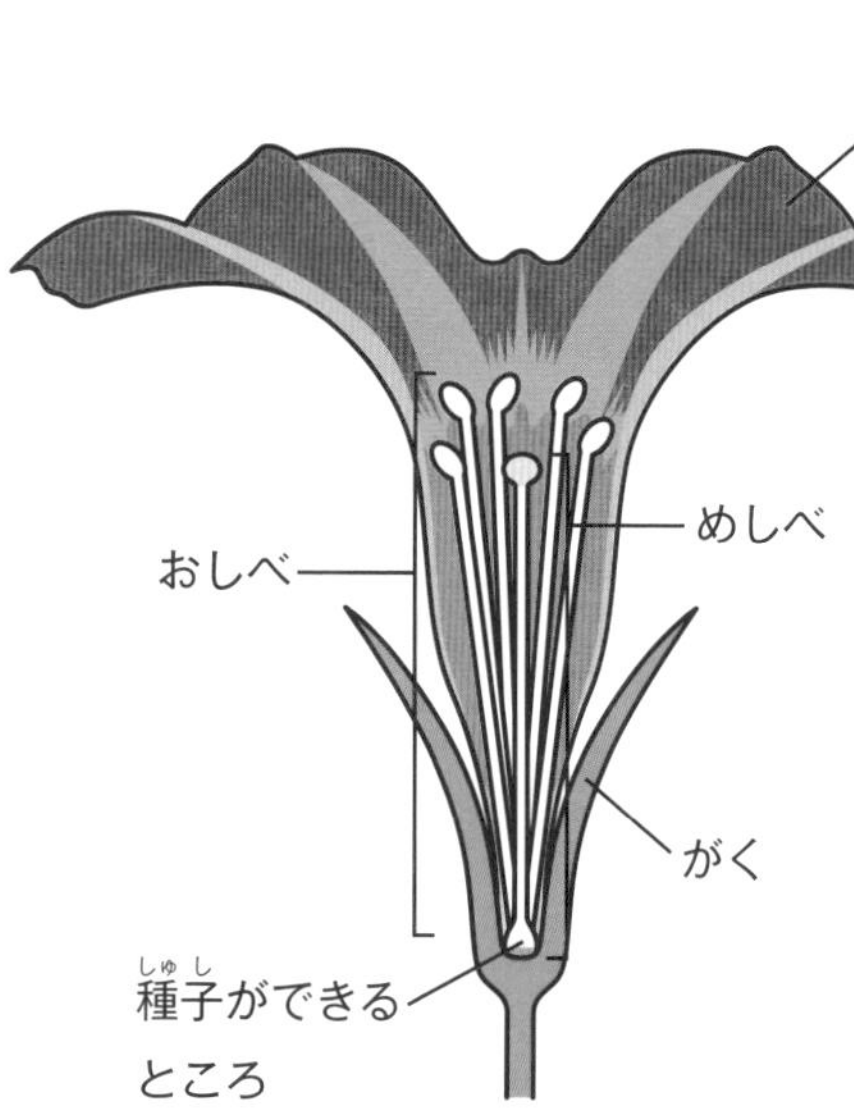

おさらい！科学クイズ

おしべの花粉がめしべにつくことをなんというでしょう？

1 め花
2 お花
3 受粉

←答えは48ページ

112ページの答え 3

空全体の九割以上が雲でおおわれていると、天気はくもりになります。

2章 なぞだらけの読書会

あかりと透、転校生の大樹と花は、
なぞ解きイベントを通して、
ぐっと仲良くなりました。

本が大好きなあかりは、
まだクラブ活動を決めていなかった大樹を、
自分が所属する読書クラブにさそいます。

読書クラブでは大樹の見学に合わせて、
なぞ解きをテーマにした読書会が開かれて——

なぞ06

消える紙幣のなぞ

Ⓐ「あかりちゃんは、どうしてなぞ解きやなぞ解き作りがうまくなったの？お父さんからいろいろ教えてもらったとか？」

　なぞ解きイベントに参加した次の日、大樹が学校であかりにたずねました。街の歴史、地理、お店にいたるまで、よく知っていて、なぞ解きまで作ったあかりにⒶ**一目置き**、見習いたいと思ったからです。

「うーん、お父さんはあまり関係ないかなあ。なぞ解きイベントの手伝いをしたのも、『桜が丘トレジャー』が初めてだし……。」

　あかりが首をかしげると、

「あかりは本の虫だからね。どんなジャンルでも読むから知識があるんだよ。推理小説を読むと、いつも犯人をぴたりと当てちゃうんだ。」

と、なぜか透が答えました。

「たしかに本はかなり読んでるかも。海外の本も好き。**異文化**を知ることが楽しいから。」

「なるほど、読書かあ。ぼくも推理小説とか読んでみようかな。」

「そうだ！　大樹くん、次の読書クラブに見学においでよ。まだ、クラブ決めていないんでしょう？　なぞ解きをテーマに読書会をするのはどう？」

「それはいい考えだね！　ぜひ見学に行かせてもらうよ。」

学習日　／

1　──あ この問いかけに、だれがなんと答えましたか。□に当てはまる言葉を文章中から探して書きましょう。

□が、あかりは□で、どんなジャンルでも読むから、□があるんだと答えた。

2　あかりは大樹を何にさそいましたか。文章中から探して五文字で書きましょう。

□□□□□

3　短編ミステリーをみんなに紹介したのはだれですか。合うものを選んで記号に○をつけましょう。

ア　大樹

次のクラブの日、あかりと大樹は学校図書館へ行きました。読書クラブは読書コーナーで活動をしているとあかりが説明し、二人は並んで座りました。そのとき、近くで何かが光りました。見ると、女の子のランドセルにつけられた小さな鏡でした。

「星さんの発案で、しばらく短編ミステリーでなぞ解きをします。」

六年生で部長の島原しずくに言われて、あかりが前に出ました。

「私が紹介するのは、短編ミステリー『消える紙幣のなぞ』です。百年くらい前の海外が舞台です。では、読みます。」

あかりはそう言って、次のような話を紹介しました。

人通りの多い街頭で、男性マジシャンがマジックを披露していました。マジシャンは、言葉たくみに**暗示**をかけ、鏡を使ったトリックで見物客をⒷ**あざむく**のが得意でした。その日も、鏡の文字が左右逆転しないマジックや、鏡の中のろうそくの火だけを消すマジックを次々に披露しました。次にマジシャンは、前面が透明で中が見える木箱を机に置きました。そして、見物人の中に高額紙幣を持っている人はいるかと聞き、手を挙げた中から裕福そうなⒸ**外見**の紳士を箱の前に立たせました。

(イ) あかり
(ウ) しずく

言葉の問題にチャレンジ！

次の言葉の意味に合うものを選び、記号に○をつけましょう。

Ⓐ **一目置く**
(ア) 一度見ただけで好きになる。
(イ) 時間を取ってよく考える。
(ウ) 相手の力を認めて一歩ゆずる。

Ⓑ **あざむく**
(ア) うそを本当だと思わせる。
(イ) 皮ふの表面にけがを負う。
(ウ) 敬い、大切にあつかう。

Ⓒ **外見**
(ア) 窓の外に広がる景色。
(イ) 他人から見える様子。
(ウ) 一番上に着るコート。

← 答えは44ページ

「この木箱の天板の真ん中に紙幣を入れるすきまがあります。紙幣を入れると、当然中に入りますね。では、実際に入れていただきましょう。」

マジシャンはそう言って、紳士に高額紙幣を入れさせました。ところが、入れたはずの高額紙幣は箱の中に現れず消えてしまったのです。見物客はみなⒹ**目を疑い**、やがて**水を打ったよう**に静まり返りました。

「おい、私の金を返せ！」

本当に紙幣を消されたとⒺ**早合点**した紳士がさけびました。

「どうかご安心を。この箱は紙幣を細かな粒子にして空中をただよわせることができるのです。そして、あなたが入れた紙幣はここに……ほら！」

マジシャンが大げさなジェスチャーを交え紳士の耳元でパチンと指を鳴らすと、その指にはⓘ紙幣がはさまれていました。紳士はほっとして紙幣を受け取ると、見物客たちは割れんばかりの拍手をしました。

「わたくしもやってみたいわ。」

若い女性が手を挙げて、つかつかと自分から箱の前に進み出ました。見物客も女性も**目を皿のようにして**見つめる中、高額紙幣を入れましたが、箱は空のままです。しかし、マジシャンがパチンと指を鳴らして女性の髪かざりから紙幣を取り出すと、見物客は大喜びをしました。マジシャンは数日の間、時間や場所を変えて同様のマジックを披露したあと、次の街へ旅立っていきました。

ここであかりは読むのをやめ、みんなを見回しました。

「このあと、街ではにせ札さわぎが発生します。このなぞを解ける人？」

4 ―ⓘこの紙幣はどちらですか。合うものに○をつけましょう。

にせ札・紳士が入れた紙幣

5 ―ⓤ具体的に鏡をどのように使っていましたか。□に当てはまる言葉を文章中から探して書きましょう。

鏡を箱に［　　］に入れて、鏡像で［　　］に見せた。

6 マジシャンがマジックをしていた目的はなんですか。□に当てはまる言葉を文章中からそれぞれ二文字と三文字で探して書きましょう。

客から借りた［　　］を、［　　　］にすりかえること。

「この流れだと、犯人はマジシャンだよね。箱があやしいもん。」

部長の言葉にみんなうなずいたものの、トリックがわかりません。

「㋒鏡の反射を利用して紙幣が消えたように見せただけで、高額紙幣は箱の中に入ったんだよ。代わりに客ににせ札をわたしたんだと思う。」

大樹が言いましたが、みんなはぴんと来ていないようです。

「鏡を箱にななめに入れると、鏡像でただの空の箱に見えるんだ。」

大樹がノートに図をかいてみせると、あかりはにっこり笑い、

「大樹くん当たり！　なぞ解きのセンスがあるじゃない。」

と言い、結末を紹介しました。

街でにせ札を使ったとされたのは、紙幣が消える箱のマジックに協力した人たちでした。やがて、近隣の警察が協力し、マジシャンはつかまりました。押収した木箱には、ななめに鏡が入っていました。紙幣は鏡の裏に入るようになっていたため、空のままに見えたのです。

「一枚ずつにせ札とすりかえればしばらくばれないと思ったのだが、私のトリックもまだまだⒻ**腕をみがく**余地があったようだ。」

マジシャンは、いまいましげに言いました。

言葉の問題にチャレンジ！

次の言葉を正しい意味で使っている文を選び、記号に○をつけましょう。

Ⓓ 目を疑う

㋐ 見まちがいをして目を疑う。
㋑ とつぜんの強い光に目を疑う。
㋒ あまりの変わりように目を疑う。

Ⓔ 早合点

㋐ 何ごとも早合点したもの勝ちだ。
㋑ 開始早々の早合点で有利になる。
㋒ 早合点して失敗をした。

Ⓕ 腕をみがく

㋐ 日ごろから料理の腕をみがく。
㋑ 試合が終わったので腕をみがく。
㋒ ライバルの腕をみがく。

答えは44ページ

なぞ07

不思議な耳鳴り

読書クラブのあと、大樹とあかりが昇降口へ向かうと、理科クラブの透が待っていました。「いつもよりおそかったね。」と言う透に、

「ごめん。みんなでなぞ解きの感想を話していて、おそくなっちゃった。」

と、あかりがきゅっと肩をすくめました。外を見ると、空は夕焼け色に染まっています。急ぎ足で下校していると、橋のたもとで大樹が「あっ。」と声を上げ、(あ)空の黒い影を指さしました。

「コウモリが飛んでいるよ！　へえ、桜が丘みたいな街にもいるんだね。」

「えっ、どうしてコウモリだってわかるの？」

あかりが不思議そうに聞きました。

「コウモリは、鳥と飛び方がちがうからね。鳥は目で虫を追うけれど、コウモリは超音波で虫の場所を探っていて、空間の把握の仕方が鳥や人とはちがうらしいんだ。少し見ていれば、すぐに鳥とのちがいがわかるよ。」

大樹がすぐさま説明しました。すると、透がはっと息をのみ、急に帰り道とはちがう方向に歩き始めました。

「透、どこ行くの？」

あかりと大樹が**戸惑い**ながら追いかけると、透は理科クラブで話題になっていた(い)怪現象が起きる家のなぞが解けるかもしれないと言いました。

学習日　／

1　―(あ)空の黒い影がコウモリだとわかったのはなぜですか。文章中から探して十一文字で書きましょう。

2　―(い)どんな現象ですか。□に当てはまる言葉を文章中から探して書きましょう。

ある古い家の近くを通ると、□だけが耳鳴りや□の症状におそわれるという現象。

3　―(う)「高周波の音」とほとんど同じ意味の言葉を文章中から探して漢字三文字で書きましょう。

不思議な耳鳴り

その怪現象とは、ある古い家の近くを通ると、大人は平気なのに子どもだけ耳鳴りや頭痛といった症状におそわれるというものでした。しかも、住人の老人が子どもをⒶ**目の敵**にしているといううわさにⒷ**尾ひれがつき**、呪いだとまで言われているようです。

三人がうわさの家に近づくと、キーンという高い音が聞こえ、だんだん耳鳴りがひどくなりました。

「人って年齢が低いほど高い音が聞こえるんだ。たぶんこの家に、小学生のぼくらには聞こえても、大人が聞こえない㋒高周波の音、つまり超音波を発する何かがあるんだと思うよ。この道は通学路になっているから、明日の朝、担任の町田先生に知らせよう。**善は急げ**だよ！」

透たちが先生に耳鳴りの話をした数日後の放課後、町田先生がにこにこ顔で三人を呼びだしました。

「ネズミ駆除で超音波装置を使っていたらしいんだ。でもお年寄りには聞こえないから、まったく気がつかなかったそうだ。Ⓒ**打開**案として登下校の時間は装置を切ってもらうことになったよ。お手柄だったね！」

三人は顔を見合わせて、「やったね！」と喜び合いました。

言葉の問題にチャレンジ！

次の言葉の意味に合うものを選び、記号に○をつけましょう。

Ⓐ **目の敵**
- ㋐ 見るとほしくなるもの。
- ㋑ にくんで敵とみなすこと。
- ㋒ 見て楽しむこと。

Ⓑ **尾ひれがつく**
- ㋐ 話が大げさになる。
- ㋑ 力のある人が内容を認める。
- ㋒ 身ぶり手ぶりで伝える。

Ⓒ **打開**
- ㋐ 力づくで、納得させる。
- ㋑ 困難を切り開き、解決する。
- ㋒ 相手の非をつき、認めさせる。

答えは45ページ

なぞ08 奇跡の正体

次のクラブの日も、大樹はあかりに読書クラブにさそわれました。

「今日は、私が『奇跡の正体』という短いお話を読みます。」

四年生の栗原ねねが立ち上がろうとしたとき、いすの背にかけていたランドセルがゆかに落ちて教科書や本がすべり出ました。あかりが何冊か拾った中には『シマリスの冬じたく』という本が混じっていました。ねねは「ありがとう。」とはずかしそうに本を受け取ると、改めてみんなの前に出ました。

お話はこんな内容でした。

クリスタというⒶ**いたいけ**な少女が、けがをして弱っている子シマリスを見つけました。クリスタはⒷ**不憫**に思って自宅に連れ帰り世話をしたところ、シマリスはすぐに元気になりましたが、右足の動きが悪く野生には戻せそうにありません。クリスタはリスにカリンと名前をつけて飼うことにしました。カリンもクリスタに気を許し、とてもなついていました。

ある雪の降る日の朝でした。クリスタは、㋐カリンがケージの中で動かなくなっているのを見つけました。あわてて手で包みましたが、すでに冷たくなっていてぴくりとも動きません。クリスタは、泣きながらカリンのために小さな箱でひつぎを作りました。両親はすぐお葬式をして庭

学習日 ／

1 ㋐クリスタや両親は、カリンがどうなったと思いましたか。合うほうに○をつけましょう。

死んでいる・ねむっている

2 クリスタは、カリンのひつぎをどこに置いていましたか。文章中から探して六文字で書きましょう。

□□□□□□ 部屋

3 ㋑カリンが動きだしたのはなぜですか。□に当てはまる言葉を文章中から探して書きましょう。

□ が来て、□ から目覚めたから。

にうめるように言いました。けれど、クリスタは暖かくなる春まで待ってとお願いし、北の一番寒い部屋にカリンをねかせたひつぎを置きました。そして、カリンを生き返らせてほしいと神さまにいのり続けました。

春が来て、カリンのお葬式の日になりました。クリスタが最後のお別れにひつぎを開けると、(い)カリンがぴくりと動きました。やがて、カリンは完全に息を吹き返し、クリスタは(C)**安堵で胸がいっぱいになりました。**

そこまで読んで、ねねはみんなになぞが解けるか聞くと、すぐにあかりが手を挙げました。そして、確信がある様子でこう言いました。

「カリンは冬眠しちゃったけど、春になって冬眠から覚めたんだよね。」

ねねは少しおどろいて、正解だと言うと、続きを読みました。

クリスタは、獣医師にカリンをみてもらいました。

「カリンがいた部屋が寒くて冬眠したんでしょう。冬も暖かい部屋に置いてやれば、今後は冬眠しませんよ。すぐにうめなかったおかげで、カリンは**九死に一生を得ました**ね。」

「いろんな知識があるあかりちゃんが飼い主だったら、カリンは冬眠しなくてすむけど、お話にはならないよね。」

ねねが言うと、「えっ、読めるお話が減るのはいや！」とあかりが真顔で答えたので、みんなが大笑いしました。

言葉の問題にチャレンジ！

次の言葉の意味に合うものを選び、記号に○をつけましょう。

Ⓐ いたいけ
- ㋐ 不器用でたよりない。
- ㋑ か弱くて病気がち。
- ㋒ 幼くてかわいい。

Ⓑ 不憫
- ㋐ かわいらしい。
- ㋑ かわいそう。
- ㋒ 興味深い。

Ⓒ 安堵
- ㋐ 安心すること。
- ㋑ がっかりすること。
- ㋒ おそれること。

← 答えは45・46ページ

なぞ09

消えたつぼの中身

あかりと大樹が学校図書館の席に着くと、四年生が家での失敗話をしていました。飲もうとしたハーブティーに砂糖がどっと入ってしまったので、とけた砂糖を取り出せたらいいのにと思ったという話でした。

それを聞いたあかりと仲良しの五年生の風間桃香は、

「砂糖を取り出すのは塩とちがって大変だから、ハーブティーを足すほうが簡単だけど、おなかがぼがぼになっちゃうよね。さて、今日は私が『消えたつぼの中身』という話を紹介します。」

と言いながら前へ出ると、次のような話を始めました。

ラクダに乗った商隊が、山岳地帯から砂漠を越えて海辺の街へやってきました。干し肉、毛皮、鉱石を売り、塩漬けの魚介類、三十キログラム入りの塩を十つぼ、帰りの食糧と百リットル入りの水二十たるを買うのです。ところが、隊員の一人がまちがって塩を二十つぼ買ってしまいました。積み荷の重さにはよゆうをみていたため、ラクダが運べる重さには収まります。ですが、余分な塩十つぼを積むスペースがなく、Ⓐ**もてあます**状態になってしまいました。「一体どうするんだ。」と、Ⓑ**憤る**みんなを前に、㋐塩を余分に買ってしまった隊員は**いたたまれず**頭をかかえました。

出発は翌朝なので、最悪の場合は採算をⒸ**度外視**して塩を売るしかあり

学習日 ／

1 ——㋐どんなことについて頭をかかえているのですか。合うものを選んで記号に○をつけましょう。

㋐ お金が足りなくなったこと。

㋑ 余分な塩が重くて運べないこと。

㋒ 余分な塩を積む場所がないこと。

2 塩を買った隊員は余分な塩を運ぶために塩をどうしましたか。文章中から探して六文字で書きましょう。

□□□□□□

3 商隊は、海辺の街を出るときに、塩、水、塩水をそれぞれどれだけ持っていましたか。

塩…□つぼ

水…□たる

ません。しかし、足元を見られて買いたたかれるにちがいありません。

出発の朝、仕方なく塩を売ろうとした隊長は、十つぼ分の塩がないことに気づき、顔が青くなりました。ところが、塩を余分に買った隊員は、晴れ晴れとした表情で「すべて塩を積めた。」と報告したのです。

ここまで読んで、桃香はみんなになぞが解けるか聞きました。すぐさまあかりが手を挙げたので、みんなおどろきでざわざわしています。

「塩を水にとかしたんだよ。塩の分重たくなるけれど、体積はほとんど増えないから。ハーブティーと砂糖の話で桃香が言ったことがヒントだったもん。この話では、余分に塩を運べたんだから、**けがの功名**だよね。」

と、答えました。桃香は「正解。あーあ、さっきは余計なことを言っちゃったな。」と苦笑すると、続きを読みました。

隊員は、余分に買った塩十つぼを十たるの水にとかしたと言いました。旅の途中で真水が足りなくなったら塩水をふっとうさせれば塩を取り出せるし、そのときに水蒸気をすべて集めて冷やせば水に戻ると説明しました。

隊員が機転を利かせたことで、商隊は積み荷をあきらめることなく砂漠を越え、無事に村へ戻ることができたのでした。

塩水…［　　　　］たる

言葉の問題にチャレンジ！

次の言葉の意味に合うものを選び、記号に○をつけましょう。

Ⓐ **もてあます**
- ㋐ よゆうがある。
- ㋑ あつかいに困る。
- ㋒ 両手でかかえる。

Ⓑ **憤る**
- ㋐ あきらめ気味になる。
- ㋑ 先へ進めなくなる。
- ㋒ 激しく腹を立てる。

Ⓒ **度外視**
- ㋐ 中心にすえて考えること。
- ㋑ 問題にしないこと。
- ㋒ 計画通り進めること。

答えは46ページ

なぞ10

とけないつららのなぞ

クラブの時間、あかりと大樹が学校図書館の扉を開けると、先に来ていた桃香が「いっしょに座ろう。」と、二人を手招きしました。

「ねえ、聞いて。この間、むし歯が見つかったらさ、いつも飲んでる炭酸レモンのジュースをお母さんが禁止したの。だらだら飲みすると口の中が酸性になってエナメル質がとけるから、むし歯の原因になるって！」

桃香がゆううつそうに言いました。むし歯になったことより、ジュースの禁止がショックの様子です。

あかりが同情しつつも、ちょっぴり心配した様子で「でも治療中は飲まないほうがいいんじゃない？」と言ったとき、六年生の島原しずくが立ち上がってみんなの前に出ました。

「なぞ解きをテーマにする読書会は、今日が最後ですね。最後は私が『とけないつらら』というミステリーを紹介します。」

と言って、朗読を始めました。それは、こんな話でした。

有名な探偵の元に、グレースという名の令嬢が訪ねてきました。**勇ましい**性格で世界をⒶ**股にかける**冒険家だった資産家の伯父が亡くなり、ただ一人の身内で姪のグレースが遺産を受けついだのだといいます。ところが、弁護士からわたされたのは、とある島の地図一枚と、どこのもの

学習日　／

1 グレースが弁護士から受け取ったものはなんですか。□に当てはまる言葉を文章中から探して書きましょう。

・とある島の［　　］。

・どこのものかわからない［　　］。

2 ―(あ)どんな言葉ですか。文章中から探して書きましょう。

3 探偵は、島に何があることを言い当てましたか。文章中から探して五文字で書きましょう。

かわからないかぎだけでした。

地図には「夏でもとけないつららこそ優美な宝。」と伯父の筆跡で**Ⓑしたためて**ありました。弁護士の調査で、地図にえがかれた島は伯父が所有する外国の島だとわかったものの、温暖なその島は真冬でも氷点下になることはなく、自然につららができることはありません。

㋐<u>伯父が残した地図に書かれた言葉の意味が、グレースにはわかりませんでした。</u>これでは宝の地図と言われても**絵に描いた餅**だと、有名な探偵をたよることにしたのだと説明をしました。

「なるほど。**Ⓒ餅は餅屋**と言いますからね。なぞを解くために私をたよっていただいたのは、賢明なご判断ですよ、お嬢さん。」

探偵はそう言うと、こう続けました。

「その島には、美しい洞窟があるはずですよ。伯父上から聞いていませんか。」

探偵にたずねられ、グレースははっとした表情で、

「そういえば、何年も前に伯父から美しい洞窟の話を聞いたことがあります。なぜおわかりになったのですか。」

と、おどろきに目を丸くしました。

言葉の問題にチャレンジ！

次の言葉の意味に合うものを選び、記号に○をつけましょう。

Ⓐ 股にかける
- ㋐ 何かとじまんする。
- ㋑ 各地を飛び回る。
- ㋒ 素早く対応する。

Ⓑ したためる
- ㋐ 折りたたむ。
- ㋑ 絵をかく。
- ㋒ 書き記す。

Ⓒ 餅は餅屋
- ㋐ 一つのことに集中すべきだ。
- ㋑ 目的を明確にしたほうがいい。
- ㋒ 専門家に任せるのがいい。

← 答えは47ページ

ここでしずくは話を切り、「とけないつらら」とは何かとたずねました。首をひねる部員の中で、あかりが手を挙げました。

「とけないつららというのは鍾乳石のつらら石だよ。鍾乳洞の天井には、つららのような白い石が生えているの。地面からは石筍というタケノコみたいな石がにょきにょきしていて、鍾乳石と石筍がつながると、石柱という柱状の石になるんだって。去年の夏休みにお父さんと鍾乳洞に行ったの。でき方は忘れちゃったけれど。」

あかりが言うと、「ああ、それはね。」と大樹が口を開きました。

「二酸化炭素がとけた酸性の雨が石灰岩をとかして**うがつ**Ⓓと、鍾乳洞ができるんだ。石灰の成分がとけた水が**滴る**とき、水が蒸発して石灰の成分が残り、長い年月をかけてつららやタケノコみたいな岩に成長するんだ。」

みんながすっかり感心したところで、しずくがふっと笑いました。

「あかりちゃん、山野くんの答えが正解です。じゃあ、続きを読むね。」

グレースと探偵は島へ行くことにしました。島に一番近い町の人によると、船着き場も整備されていて、管理人が一人いるとのことでした。

島へわたると、日に焼けてがっしりした体格の管理人が、船着き場へ

4 「とけないつらら」とは、なんのことでしたか。文章中から探して四文字で書きましょう。

□□□□

5 大樹が説明したのは、何についての内容ですか。合うものを選んで記号に○をつけましょう。

ア 鍾乳洞や鍾乳石の名前。

イ 鍾乳洞や鍾乳石のでき方。

ウ 鍾乳洞にまつわるなぞの答え。

6 ――いどんなことですか。□に当てはまる言葉を文章中から探して書きましょう。

□クラブに入ると思っていた大樹がすでに□クラブへの入部届を出していたこと。

出むかえに来ていました。管理人は、Ⓔ**神妙**な顔でグレースにおくやみの言葉を述べました。伯父が若かったころ数々の冒険に付き従い、この島の管理人を打診されたときには一も二もなく引き受けたとのことでした。

「これからご案内する洞窟をご覧になれば、伯父上がいかにグレースさまをⒻ**目にかけて**いらっしゃったかがおわかりになるでしょう。」

管理人は、島の中ほどでぽっかり口をあけた洞窟に案内しました。入口には鉄の門扉があり、グレースの持っていたかぎで開けることができました。管理人が配電盤のスイッチを入れると、点々と電灯がつきます。中には細い歩道が整備されていて少し歩くと広い空間となり、**神々しい**までに美しい乳白色の鍾乳石が形成された鍾乳洞が姿を現しました。

「グレースさまのお名前の意味は『優美』ですね。ここは観光洞となるよう整備され、『グレース洞』と名づけられています。」

探偵はいたく感心し、グレースはとても感動しました。

「山野くん、今まで楽しんでくれたみたいだし、読書クラブに入るよね?」

しずくは、念のため大樹に確認をしました。ところが大樹は、

「好きな実験ができるって言われて、理科クラブに入部届を出しちゃった。」

と、申しわけなさそうに答えたので、みんなはあぜんとしました。

「しまった、ぬけがけされた! こっそりさそった㋑犯人は透でしょ!?」

あかりをはじめとする読書クラブのメンバーは、思わぬどんでん返しにがっくりと肩を落としました。

言葉の問題にチャレンジ!

次の言葉を正しい意味で使っている文を選び、記号に○をつけましょう。

Ⓓ うがつ
- ㋐ 彼が真犯人ではないかとうがつ。
- ㋑ 雨垂れが石をうがつ。
- ㋒ 手術をして傷口をうがつ。

Ⓔ 神妙
- ㋐ 相手の話を神妙に聞く。
- ㋑ 神妙な態度を激怒される。
- ㋒ 神妙で無礼なふるまい。

Ⓕ 目にかける
- ㋐ 本物を見抜く目にかける。
- ㋑ 監督が特に目にかけている選手。
- ㋒ 目にかける勢いで成長する。

← 答えは47ページ

なぞ06 消える紙幣のなぞ

30～33ページ

【30・31ページ】

① 透・本の虫・知識

解説 30ページ9・10行目の透の言葉に注目しましょう。「あかりは本の虫だからね。どんなジャンルでも読むから知識がある」とあります。「本の虫」とは、かなりの読書好きを意味する言葉です。

② 読書クラブ

解説 30ページ15行目に「大樹くん、次の読書クラブに見学においでよ」とあります。大樹、あかり、透の三人で話していますが、次のクラブの日に大樹とあかりで学校図書館に行っていることから、大樹をさそったのはあかりだと読み取れます。

③ イ

解説 31ページ11行目に「あかりが前に出ました」とあり、12行目に「私が紹介するのは～」と続きます。さらに14行目に「あかりはそう言って、次のような話を紹介しました」とあることから考えましょう。

言葉の問題にチャレンジ！

Ⓐ ウ
Ⓑ ア
Ⓒ イ

言葉の学習

お話に出てきた言葉の意味を確かめましょう。

異文化……くらし方や社会のあり方、考え方などが異なる文化。

暗示……考えや気持ちなどが、言葉などを使った間接的な方法で、無意識のうちに変化する現象。

【32・33ページ】

④ にせ札

解説 33ページ19行目の「一枚ずつにせ札とすりかえればしばらくばれないと思った」から、マジシャンは客が箱に入れた紙幣をにせ札とすりかえていたとわかります。――いの紙幣は箱に本物の紙幣を入れたあと、マジシャンから受け取ったものなので、にせ札です。

⑤ ななめ・空の箱

解説 33ページ3～5行目と、8・9行目の大樹の言葉をよく読んで考えましょう。「空の箱」は、「ただの空の箱」や「空」でも正解です。

⑥ 紙幣・にせ札

解説 33ページ15行目からの結末をよく読み、□に当てはまる言葉を考えましょう。マジックに協力した人たちが街でにせ札を使ったのは、自分がマジシャンにわたした紙幣がにせ札とすりかえられているとは思っていなかったからです。

言葉の問題にチャレンジ！

Ⓓ ウ
Ⓔ ウ
Ⓕ ア

解説 「目を疑う」は「実際に自分の目で見ても信じられないほど、不思議に思う」、「早合点」は「よく聞いたり、ちゃんと調べたりしないで、わかったと思いこむこと」、「腕をみがく」は「技術が向上するように練習する」という意味です。

言葉の学習

お話に出てきた言葉の意味を確かめましょう。

水を打ったよう……その場に集まった大勢の人々がしんと静まり返る様子。

目を皿のようにする……おどろいたときや、ものを探すときに、目を大きく見開く。

なぞ07 不思議な耳鳴り

34・35ページ

【34・35ページ】

① 鳥と飛び方がちがうから

解説 34ページ8行目の「どうしてコウモリだってわかるの?」というあかりの問いかけに対し、大樹が「コウモリは、鳥と飛び方がちがうからね」(10行目)と答えています。問題文で指定された文字数に合わせて答えましょう。

② 子ども・頭痛

解説 35ページ1~5行目の「その怪現象とは~というものでした」で、怪現象についてくわしい内容を述べています。この部分に注目して考えましょう。

③ 超音波

解説 35ページ13行目に「高周波の音、つまり超音波」とあります。「つまり」は別の言葉に置きかえて言うときの言葉なので、「超音波」が「高周波の音」を置きかえた言葉だとわかります。

言葉の問題にチャレンジ!

Ⓐ イ
Ⓑ ア
Ⓒ イ

言葉の学習 お話に出てきた言葉の意味を確かめましょう。

戸惑う……どうしたらよいかわからず、うろたえる。

善は急げ……よいことはすぐに実行せよ。

科学の解説

音は、気体や固体、液体の中を通って伝わります。そのときの音の波を「音波」といいます。波が一秒間にくり返される数を「周波数」といい、ヘルツという単位で表されます。人に聞こえる範囲でもっとも高い音は二十キロヘルツぐらいです。これ以上高く、人の耳には聞こえない音の波を「超音波」といいます。聞こえる音の範囲は動物によってちがい、たとえばコウモリやイルカは、超音波を利用して周囲の状況をつかんでいます。

なぞ08 奇跡の正体

36・37ページ

【36・37ページ】

① 死んでいる

解説 36ページ16・17行目「クリスタは、~ひつぎを作りました」、17行目・37ページ1行目「両親はすぐお葬式をして庭にうめるように言いました」から、クリスタも両親もカリンが死んでしまったと思っていることがわかります。

② 北の一番寒い(部屋)

解説 37ページ1~3行目「クリスタは~北の一番寒い部屋にカリンをねかせたひつぎを置きました」に注目して答えましょう。

③ 春・冬眠

解説 37ページ11・12行目のあかりの言葉と、14~17行目のお話の結末の部分をよく読んで答えましょう。カリンが動かなくなったのは、死んでしまったのではなく、冬眠していたからだったのです。

言葉の問題にチャレンジ！

Ⓐ ウ　Ⓑ イ　Ⓒ ア

言葉の学習

お話に出てきた言葉の意味を確かめましょう。

胸がいっぱいになる……大きな悲しみや喜びなどの感情の高まりで心がしめられる様子。

九死に一生を得る……命がもうほぼ助からないという状態で、かろうじて助かる。

科学の解説

日本では、一年を通して気温が大きく変動するため、植物や動物の活動も季節によって変化しています。春から夏にかけての暖かい時期、生き物は活発に活動します。植物はぐんぐんのび、葉をたくさんしげらせたり、花を咲かせたりします。見られる動物の種類、数も多い季節です。秋から冬にかけて寒くなると、生き物の活動はにぶくなります。多くの植物は、かれて種子を残したり、葉を落としたりして冬を越します。また、動物の中にも体温をできるだけ低くして冬を越すものがいます。この現象を「冬眠」といい、カエルやヘビ、クマやリスなどが行っています。

なぞ09 消えたつぼの中身

38・39ページ

【38・39ページ】

1 ウ

解説

38ページ12〜15行目の内容に注目しましょう。「隊員の一人がまちがって塩を二十つぼ買ってしまいました。〜もてあます状態になってしまいました」とあり、重さの面では運ぶことはできるが、スペースの面で運ぶのが厳しい状況だとわかります。「頭をかかえる」は、心配ごとやなやみごとがあって考えこむことを指す表現です。

2 水にとかした

解説

「十つぼ分の塩がない」（39ページ2行目）のに、塩を余分に買った隊員は「すべて塩を積めた」（4行目）と報告しています。これをもとに、9行目であかりが「塩を水にとかしたんだよ」と述べていることから考えましょう。

3 塩…十（つぼ）
水…十（たる）
塩水…十（たる）

解説

38ページ10〜13行目の内容から、商隊は海辺の街で水二十たると塩二十つぼを買ったことがわかります。そのうち、「余分に買った塩十つぼを十たるの水にとかした」（39ページ17行目）とあるので、十たるの塩水を作ったことがわかります。塩水を作った残りの水は十たる、塩は十つぼです。

言葉の問題にチャレンジ！

Ⓐ イ　Ⓑ ウ　Ⓒ イ

言葉の学習

お話に出てきた言葉の意味を確かめましょう。

いたたまれない……それ以上は、そこにとどまっていられない。

けがの功名……失敗したと思ったことが、意外とよい結果になること。

なぞ10 とけないつららのなぞ 40～43ページ

【40・41ページ】

① 地図・かぎ

解説

40ページ17行目・41ページ1行目に「弁護士からわたされたのは、とある島の地図一枚と、どこのものかわからないかぎだけでした」とあります。

② 夏でもとけないつららこそ優美な宝。

解説

41ページ2・3行目に「地図には『夏でもとけないつららこそ優美な宝。』と伯父の筆跡でしたためてありました」とあることから考えましょう。「。」はなくても正解です。

③ 美しい洞窟

解説

41ページ12・13行目の探偵の言葉に「その島には、美しい洞窟があるはずですよ」とあります。そのあとでグレースがおどろいているので、洞窟の話をしていないのに、洞窟があることを探偵が言い当てたことがわかります。

言葉の問題にチャレンジ！

Ⓐ イ
Ⓑ ウ
Ⓒ ウ

言葉の学習

お話に出てきた言葉の意味を確かめましょう。

勇ましい……勢いがあり、危険や困難に対しておそれずに立ち向かっていく様子。

絵に描いた餅……実際には食べられないことから、役に立たないもの。

【42・43ページ】

④ つらら石

解説

42ページ5・6行目のあかりの言葉に「とけないつららというのは鍾乳石のつらら石だよ」とあります。

⑤ イ

解説

あかりが「でき方は忘れちゃったけれど」（42ページ12行目）と言ったのに対し、大樹が「ああ、それはね」（13行目）に続けて説明しています。つまり、大樹はあかりが説明した鍾乳洞や鍾乳石のでき方について述べているのです。

⑥ 読書・理科

解説

43ページ15行目からの内容をよく読んで考えましょう。「どんでん返し」は、話の流れやものごとががらっと変わることをいいます。

言葉の問題にチャレンジ！

Ⓓ イ
Ⓔ ア
Ⓕ イ

解説

「うがつ」は「穴をあける。つき通す」、「神妙」は「おとなしく、素直なこと」、「目にかける」は「ひいきして、面倒を見る」という意味です。

言葉の学習

お話に出てきた言葉の意味を確かめましょう。

滴る……水などのしずくが垂れて落ちる。

神々しい……神聖で厳か。

もっと理解を深めよう

なぞ06 光の進み方

30～33ページ

暗い場所で懐中電灯の光を見てみましょう。懐中電灯から発せられた光は、まっすぐ進んで、懐中電灯を向けた先だけが明るくなります。このように、光にはまっすぐ進むという性質があります。

光にはものに当たるとはね返る（**反射する**）という性質もあります。鏡に自分の姿が映るのは、鏡で光が反射しているからです。暗くした部屋で、鏡に角度をつけて懐中電灯の光を当てると、光が反射している様子をよく見ることができます。

物語の中で登場した紙幣が消える箱も、光の反射を利用したものでした。箱の奥まで見えているように思いますが、実際に見えているのは、鏡に映った箱の底の様子です。鏡に光が反射して、箱の底の様子が見ている人の目に届いていたのです。

光の反射

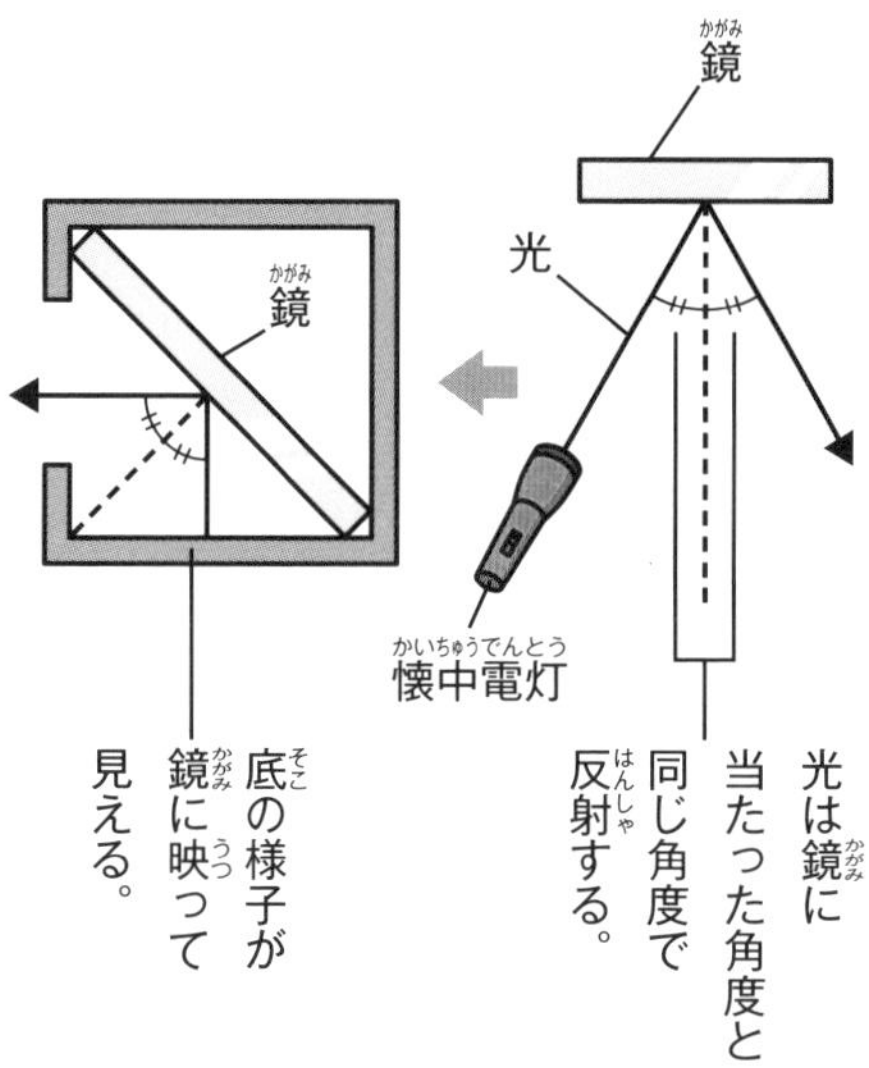

鏡
光
懐中電灯
光は鏡に当たった角度と同じ角度で反射する。
鏡
底の様子が鏡に映って見える。

なぞ10 水溶液の性質

40～43ページ

ものがとけている水を**水溶液**といいます。水溶液は、**酸性**、**アルカリ性**、**中性**の三種類に分けることができます。

酸性の水溶液を青色リトマス紙につけると、赤色に変わります。強い酸性の水溶液には、鉄やアルミニウムなどの金属をとかす性質があります。身近な酸性の水溶液には、レモン汁や酢などがあります。

アルカリ性の水溶液を赤色リトマス紙につけると、青色に変わります。強いアルカリ性の水溶液には、アルミニウムやたんぱく質などをとかす性質があります。身近なアルカリ性の水溶液には、石けん水や重そうがとけた水などがあります。

中性の水溶液は、酸性やアルカリ性の水溶液のどちらの性質も持たず、リトマス紙の色を変えることがありません。身近な中性の水溶液には、水道の水などがあります。

雨は、普通はほぼ中性です。しかし、空気中の水分に工場のけむりや自動車の排気ガスがとけこむと酸性になり、それが雨となることがあります。これが**酸性雨**です。酸性雨は、コンクリートをとかしたり、木をからせたりするので、世界中で問題になっています。

おさらい！科学クイズ

赤色リトマス紙を青色にする水溶液の種類はなんでしょう？

1 酸性
2 アルカリ性
3 中性

答えは68ページ

28ページの答え 3

おしべの花粉がめしべにつくことを「受粉」といいます。

3章 とぎれることのない相談者

五月になり、花はときどき五年生の教室まで
あかりに会いにくるようになっていました。

ある日、なぞ解きで困っている子がいると
花から相談されたあかりは、
透、大樹といっしょに相談者の話を聞くことに。

その日から、三人はさまざまな人から
なぞ解きの依頼をされるようになり——
三人はみんなのなぞを解決することが
できるのでしょうか。

なぞ

11 とけるアイスととけないアイスのなぞ

五月の暑い日曜日、大樹は花と二人で叔母さんの家に電車で遊びに行くことになりました。叔母さん一家の大好きなアイスをたくさん買って、大樹と花が一ふくろずつお土産に持っていきます。

「おばさーん、こんにちは。アイスをたくさん買ってきたよ！」

大樹と花は保冷バッグのアイスを手わたしました。さっそくみんなで食べようと、花が持ってきたアイスを出すと、ドライアイスを入れていたのに、半分とけてしまっていました。大樹があわてて自分が持ってきたバッグのアイスを確認すると、中身はまったくとけていません。花はしばらく**呆然**としたあと、「ごめんなさい。」としょんぼりしました。

「花ちゃん、Ⓐ**気に病まない**で。冷凍庫に入れたらまた固まるんだから。」

叔母さんが言うと、いとこたちも「そうだよ。」と口々になぐさめてくれました。でも、花はなぜ自分のほうだけアイスがとけたのかわからず、Ⓑ**やるせない**思いです。そこで、大樹がなぞ解きにいどむことにしました。

「ぼくと花は同じ保冷バッグに、同じ個数のアイス、同じ量のドライアイスを入れてもらったよね？　だから、条件は同じはずだ……いや、待てよ。花、電車を乗りかえるときにあわてて、保冷バッグを横だおしにしていたよね？　あのあと、アイスにさわった？」

学習日

／

1 どちらの持ってきたアイスがとけていましたか。合う人物に○をつけましょう。

大樹・花

2 二人の保冷バッグの中には何が入っていましたか。□に当てはまる言葉を文章中から探して書きましょう。

同じ量の［　　］のアイスと［　　］。

3 ―あ これがいけなかったのはなぜですか。文章中から探して十文字で書きましょう。

［　　　　　　　　　　］

すべてを**つまびらか**にしようと、大樹が花から聞き取りをします。

「ああ、あのとき！　乗りかえたあとに気になって保冷バッグを開けてのぞいたらアイスの向きがばらばらになっていたの。お土産だから、アイスの向きをきちんとそろえて入れ直したよ。」

「わかったぞ！　そのとき、Ⓐドライアイスの上にアイスを入れ直しただろう？　そして、保冷バッグのファスナーを開けっ放しにした。」

「えっ、どうしてわかったの？」

花だけでなく、叔母さんといとこたちも目を丸くしました。

「ドライアイスって二酸化炭素がこおったもので、二酸化炭素は空気より重たいんだ。ちょっと実験をしてみよう。」

大樹がコップに水を少しくみ、残ったドライアイスをくだいて入れると、ぶくぶくとあわと白く冷たいけむりが出てきました。コップからあふれたけむりは下に流れていきます。

「ほらね、冷気は下におりるから、ドライアイスは上に置くのが正解。保冷バッグも閉めないと冷気がにげちゃうよ。」

「お兄ちゃんすごーい。なぞ解きのうまいあかりちゃんとお友だちになったおかげだね！　私、Ⓒ**鼻が高い**よ。」

花はにこにこ顔で言いました。

言葉の問題にチャレンジ！

次の言葉の意味に合うものを選び、記号に○をつけましょう。

Ⓐ **気に病む**
- ア 思いなやむ。
- イ 腹を立てる。
- ウ 安心する。

Ⓑ **やるせない**
- ア 忘れたい。
- イ ゆるせない。
- ウ 気持ちが晴れない。

Ⓒ **鼻が高い**
- ア うっとうしい。
- イ ほこらしい。
- ウ 面倒くさい。

← 答えは64ページ

なぞ12

おどるスライムのなぞ

大樹と透が、二十分休みに校庭へ行って戻ってくると、花がうれしそうにあかりと話をしていました。最近ときどき、花が休み時間や放課後にあかりをたずねてくるのです。あかりのことが大好きだという態度がⒶ**あからさま**で、大樹は兄としてちょっぴり面白くありません。

「花、また来ていたの？　今日はなんの用？」

㋐「なぞ解きで困っている子の相談をしていたの。なぞを作るのが得意で、読書クラブでほとんどのなぞを解いたあかりちゃんなら、相談相手にぴったりだと思って。お兄ちゃんがアイスのなぞを解けたのは、あかりちゃんと友だちになったおかげでしょ。じゃあ、また放課後に来るね！」

花は一方的にそう言うと、あかりに手をふって教室を出ていきました。

「それで、透と大樹くんは何をしていたの？」

「ああ、次の理科クラブでスライムの実験に使おうと思って、磁石で校庭の砂場から砂鉄を取ってきたんだ。」

透が「ほら。」と、ビニールぶくろに入っている砂鉄をあかりに見せました。

放課後、花とともに相談者の金井哲也がやってきました。大樹と透もいっしょに話を聞こうと、あかりを真ん中にして座っています。

「それで、どんななぞを解きたいの？」

学習日　／

1 ─㋐だれですか。文章中から氏名を探して書きましょう。

2 1の人物が解きたいなぞは、どんなものですか。合うものを選んで記号に○をつけましょう。

ア 手ぶくろが宙にうくなぞ。

イ スライムが黒くなるなぞ。

ウ スライムがおどるなぞ。

3 透が2のなぞを再現するために使ったのは、スライムの他なんですか。文章中から探して二つ書きましょう。

あかりが促すと、哲也は次のような話をしました。

哲也には中学一年生の兄がいて、スライムをあやつる魔法の手ぶくろを手に入れたのだそうです。実際、兄が手ぶくろをはめた手を黒いスライムの上にかざすと、スライムがのびたり縮んだりしておどったというのです。哲也も試してみたくて、兄にたのんで手ぶくろを貸してもらったものの、スライムはおどらなかったといいます。

兄が「まだ修行が足りないな。」と**あざけった**ので、哲也はくやしくなり、トリックを知りたくなったのだと話をしめくくりました。

「魔法の手ぶくろは、哲也くんにはただの手ぶくろだった。それで、スライムは黒かった。ということは、透が砂鉄と磁石でうまく説明できそうだね。」

あかりが透に意味ありげな視線を送ると、透がⒷ**即座**に反応しました。

「そうだね。しかも、ぼく、ちょうどスライムも持っているんだよ！　今度の理科クラブで実験に使おうと思ってたんだけど。ま、いっか。」

と、やわらかいスライムを取り出しました。そこに、砂鉄をⒸ**造作なく**練りこむと色が黒くなりました。哲也が**息を殺して**見つめる中、透がU字磁石を近づけると……スライムは生きているかのように動きだしました。

言葉の問題にチャレンジ！

次の言葉の意味に合うものを選び、記号に○をつけましょう。

Ⓐ **あからさま**
- ア あいまいではっきりしない。
- イ 包みかくさず、明らか。
- ウ まったく感じられない。

Ⓑ **即座**
- ア その場に座って。
- イ 座ったままで。
- ウ すぐにその場で。

Ⓒ **造作ない**
- ア 簡単である。
- イ 道具がいらない。
- ウ 難しいことを上手にやる。

答えは64・65ページ

「すごーい、お兄ちゃんの魔法と同じ、おどるスライムだ！」

「さすが、透。Ⓓ**たちどころ**に作ってみせるなんて！」

哲也が大声でさけびパチパチと拍手をし、あかりも手放しでほめたので、透もまんざらではありません。

「なんだ、なんだ？」と**野次馬**も集まってきました。まだ教室やろうかに残っていた子どもたちです。

「え、スライムがおどるの？　ぼくたちにも、見せてよ。」

㋑みんなにお願いされて、透が砂鉄の入ったスライムを磁石であやつってみせました。みんな、Ⓔ**奇想天外**な動きをするスライムに、目がくぎ付けです。

「でも、金井くんのお兄ちゃんは、手に磁石を持っていなかったんだよね？　手ぶくろにかくしていたら、金井くんにもスライムを動かせたはずだし、磁石はどこにあったのかな？」

花が不思議そうに首をかしげると、哲也も「たしかにそうだ！」と不思議がりました。すると、あかりが少し考えてから、言いました。

「㋒直接見ていないから想像だけど……。哲也くんのお兄ちゃんは『魔法の手ぶくろ』と言って、手ぶくろに注目させたよね？　でも、手ぶくろにしかけはなかった。それなら、どうして手ぶくろに注目させようとしたと思う？　見せたくないところに、哲也くんが注目しないようにするためだよ。手ぶくろでかくせるのは手だよね？　お兄ちゃんは、手ぶくろをぬぐときも手のひらを見せなかったんじゃない？」

4　――㋑みんなとはだれのことですか。□に当てはまる言葉を文章中から探して書きましょう。

［　　　］や［　　　］に残っていた子どもたち。

5　あかりは哲也の兄が磁石をどこにかくしていたと考えましたか。合うものを選んで記号に○をつけましょう。

ア　手ぶくろの中。
イ　指のはら。
ウ　スライムの中。

6　――㋒あかりの想像はどうでしたか。合うほうに○をつけましょう。

当たっていた・まちがっていた

「うん、そうだったかも！」

哲也が興奮したように言いました。

「なるほどね。**目からうろこが落ちた**よ。指のはらにおさまるサイズの磁石をはりつけていたってことか。スライムを動かすときは手ぶくろで磁石をかくせるし、手ぶくろを貸したときは、哲也くんは手ぶくろに注目していたはずだもんね。それなら、もう一度お兄ちゃんに魔法を見せてと言ってごらんよ。それで魔法の手ぶくろを貸してと言ってはずさせたあとに、次は手ぶくろだけじゃなくて指のはらも見せてもらうんだ。」

大樹がそう言うと、哲也は「そうする！　お姉さんたち、ありがとう！」と、うれしそうに教室を出ていきました。

一方、透は何人もの子どもたちに囲まれ、おどるスライムの作り方を教えてほしいとねだられていました。しばらくの間、クラスのあちこちで黒いおどるスライムが見られそうだなと、大樹は思いました。

次の日の二十分休みに、哲也がはずむような足取りで五年一組の教室にやってきました。そして、兄に「Ⓕ**図星**だ。よくわかったな。」と、感心されたと、うれしそうに報告しました。

言葉の問題にチャレンジ！

次の言葉を正しい意味で使っている文を選び、記号に○をつけましょう。

Ⓓ たちどころ

ア　たちどころで待ち合わせする。

イ　たちどころを探す。

ウ　たちどころに解決する。

Ⓔ 奇想天外

ア　奇想天外なできごと。

イ　奇想天外のうちに収まる。

ウ　よくある奇想天外の一つ。

Ⓕ 図星

ア　まったくの図星で、的はずれだ。

イ　図星を見ながら星を観測する。

ウ　母の言うことは図星だった。

← 答えは65ページ

なぞ 13

おなかが痛くなる原因は？

「ねえ、生のりを消化できるのって、日本人だけらしいよ。」

放課後、大樹が科学の本を読みながら、透とあかりに言いました。

「私もその本読んだ。人によって消化できるものがちがうんだよね。」

あかりが本好きの本領をはっきしたところに、

「あのう、星あかりさんはいますか？」

と、五年一組の扉の前でもじもじしている女の子に声をかけられました。

あかりが「私が星です。」と答えると、女の子は明らかにほっとした顔になりました。

「私、山野花ちゃんと同じクラスの牛田恵です。星さんに相談したいことがあるんです。」

「わかった、話してみて。」

あかりが促しましたが、「男の子の前だと……。」と**口が重く**なりました。Ⓐ**ばつが悪そう**な顔をしているので、あかりはⒷ**プライバシー**に配慮して、㋐だれもいな

学習日 ／

1 ――㋐場所を移したのはなぜですか。□に当てはまる言葉を文章中から探して書きましょう。

恵が□の前で□したくなさそうだったから。

2 あかりは、恵が何を消化しづらい体質だと考えましたか。合うものを選んで記号に○をつけましょう。

ア バナナ
イ マンゴー
ウ 牛乳に含まれる乳糖

3 恵のなやみは、どうしたら解決しましたか。□に当てはまる言葉を文章中から探して書きましょう。

家で使う□を

い教室に場所を移しました。

「ここなら、だれもいないから大丈夫だよ。話してみて。」

あかりが優しく言うと、恵はぽつりぽつりと話し始めました。

ときどき、食後おなかがゴロゴロと鳴ったり、おなかがくだったり**不快**な症状が出ますが、熱やせきなどの不調はなく、同じものを食べている両親もなんともありません。去年一度じんましんが出て、一通り食物アレルギーの検査をしたものの、結果に問題はありませんでした。

お母さんに相談しても、だれでもたまにおなかの調子をくずすことはあると言われ、整腸剤をわたされるだけです。不思議なのは、毎年暑くなってくるとなりやすいことだといいます。原因がわからないので、学校でおなかをこわしたらⓒ**みっともない**と思い、なんとかしたいのだそうです。

それを聞いたあかりは、夏の間によく食べたり飲んだりするものはないか聞きました。恵は少し考えて、暑い日は毎日のように冷やした牛乳とバナナやマンゴーで大好きなスムージーを作り、たくさん飲むと答えました。

「スムージーに使う牛乳に含まれる乳糖を消化しづらい体質かもしれないね。少ない量なら平気でも、たくさん一度に飲むとおなかがゴロゴロする人もいるみたいだよ。低乳糖の乳飲料に変えてみたらどうかな。」

あかりがそう答えると、恵はお礼を言って帰っていきました。

二週間後、家で使う牛乳を低乳糖の製品に変えてもらったら、おなかがゴロゴロすることがなくなったと、恵がうれしそうに報告に来ました。

［　　　　］に変えた。

言葉の問題にチャレンジ！

次の言葉の意味に合うものを選び、記号に○をつけましょう。

Ⓐ **ばつが悪い**
- ㋐ 成績が悪い。
- ㋑ 気持ちが悪い。
- ㋒ きまりが悪い。

Ⓑ **プライバシー**
- ㋐ 優先順位。
- ㋑ 自尊心。
- ㋒ 個人的な秘密。

Ⓒ **みっともない**
- ㋐ 体裁が悪い。
- ㋑ 体調が悪い。
- ㋒ めいわくをかける。

答えは65・66ページ

なぞ14 育たないヒマワリ

「私のとなりのクラスの、花田咲ちゃんです。あかりちゃんがなぞ解き名人だって知って、相談したいと思ったんだって。」

　放課後、花といっしょにあかりをたずねてきた咲は、「お願いします。」と、あかりといっしょにいた大樹と透にも頭を下げました。あかりは、知らない間に「なぞ解き名人」と呼ばれていることにおどろきましたが、まずは咲の話を聞くことにしました。それは、次のような話でした。

　一年生のとき、学校の花だんの水やりのお手伝いをしたら、実ったヒマワリの種をもらいました。去年の春に自分で育てようと植木鉢に種をまきましたが、ⓐひょろひょろとしか育たず、最後はしおれてかれてしまったというのです。太陽の光が当たるところに置いて、ちゃんと水やりもしていたのにと、話すうちに咲までⒶ**青菜に塩**という風情です。

「ええと、学校の花だんのヒマワリってことは百五十センチくらいまで大きくなる種類だよね？　どんな植木鉢に種をまいたの？」

　あかりが聞くと、咲は、

「一年生のときに、学校でアサガオを育てた植木鉢だよ。」

と、答えました。それを聞いて、花が**目を見張り**ました。

「咲ちゃん、小さい鉢だと水も栄養も足りなくなっちゃうと思う……。」

学習日
／

1 ―ⓐこの原因は何にありましたか。文章中から探して三文字で書きましょう。

□□□の大きさ

2 咲は学校の花だんについて、どのように思っていましたか。合うものを選んで記号に○をつけましょう。

ア 深さはそんなにない。

イ 広い場所だ。

ウ レンガが高く積まれている。

3 植物の根っこには、どんな特徴がありますか。□に当てはまる言葉を文章中から探して書きましょう。

□と同じくらい□。

花が遠慮がちに言うと、大樹が続けます。

「植物の根っこって、実はくきと同じぐらいのびるんだ。」

「えっ、でも学校の花だんってそんなに深くないよね？」

咲がⒷ**きょとん**としました。

「学校の花だんのレンガは高く積まれていないけれど、その下にも土があるからね。」

透が言うと、あかりがほがらかに付け加えました。

「大きくなる植物は、栄養も水もたくさん必要なの。だから、植える場所も広くしてあげなくちゃね。まだ今年の種まきに間に合うから、これから大きな植木鉢かお庭に直にまいて育ててみたら？　きっと学校のヒマワリにⒸ**引けを取らない**大きさになるよ！」

あかりがはげますと、咲は**奮起**したようにうなずきました。

「私、土の上のくきや葉っぱばかり見ていて、根っこのことを考えてなかった！　花ちゃんも、植物のことくわしいんだね。そうだ、花ちゃんもいっしょにヒマワリを育てない？」

「え、いいの？　わあ、楽しみだな！」

花は、うれしそうにうなずきました。

言葉の問題にチャレンジ！

次の言葉の意味に合うものを選び、記号に○をつけましょう。

Ⓐ **青菜に塩**
- ㋐ 顔色がよく元気な様子。
- ㋑ しょんぼりしている様子。
- ㋒ やる気に満ちあふれた様子。

Ⓑ **きょとん**
- ㋐ かわいく見せようとする様子。
- ㋑ 相手を疑っている様子。
- ㋒ 事情が飲みこめない様子。

Ⓒ **引けを取らない**
- ㋐ まさることがない。
- ㋑ おとることがない。
- ㋒ 少ししかおとらない。

答えは66ページ

なぞ15

かっぱ伝説のなぞ

学習日　／

Ⓐ「星さん、山野くん、清水くんはいますかー？」

放課後、五年一組の教室に、ひょっこり男の子が顔をのぞかせました。

「ええと、花ちゃんのお友だち？」

あかりが花の紹介の相談者だと思ってたずねると、意外にも男の子は首を横にふりました。

「ぼく、四年生の寒川勇太です。なぞ解きが得意な五年生の三人組が一組にいるって聞いたから相談に来たんだけど、いいかな？」

あかりは、大樹と透を見ました。二人がうなずいたので、勇太を空いている席に座らせてから、三人も席につきました。

「ねえ、かっぱっていると思う？」

勇太がⒶ**藪から棒**にそう言うと、相談の内容を語りだしました。

毎年夏休みになると、勇太はG県の祖母の家に行きます。カーブのたびに体が外へ引っぱられるほどの、くねくねした山道を通って行く田舎です。近くには泳ぐのにちょうどいい川があり、勇太は近所の子たちと川遊びに行くのを楽しみにしているのだといいます。

ただ、祖母が毎年必ず気になることを言うのだそうです。

「『かっぱ淵』に近づくのはⒷ**もっての外**だよ。あそこにはおばあちゃんの

1　―あ　こう言った男の子は、この三人がどういう人たちだと思って、相談に来ましたか。文章中から探して十五文字で書きましょう。

2　―い　大樹が確信しているのはなぜですか。合うものを選んで記号に○をつけましょう。

ア　以前、G県に住んでいたから。

イ　似た場所を知っているから。

ウ　本に書いてあるのを読んだから。

3　「かっぱ淵」の危険なところは、川のどちらですか。合うものに○をつけましょう。

内側・外側

おばあちゃんが子どもだった昔からかっぱがすんでいて、これまで何人もの子どもが引きずりこまれておぼれたんだよ。いいかい、**亀の甲より年の功**というだろ？　おばあちゃんの言いつけを必ず守んなさいよ。」

勇太が祖母の口調をまねて言いました。

かっぱに引きずりこまれるなんてⒸ**腑に落ちない**けれど、年の功を持ち出されてはだれも**太刀打ちできない**ので、言いつけは守ってきたと、勇太は話し終えました。

「その『かっぱ淵』ってさ、川がカーブしていて外側ががけっぽくなっていて、内側に河原があるでしょう？」

ふんふんと話を聞いていた大樹が、(い)確信している言い方をしたので、勇太は「どうしてわかるの？」とおどろきました。

「実はさ、ぼくが春まで住んでいたN県にも『かっぱ淵』って呼ばれるところがあるんだよ。そこも川がカーブしていて、外側は急に深くなっていて流れが速いんだ。流れが速いから、大雨が降ると土手をけずってがけのようになっていてね。内側は浅くて流れがゆっくりだから、みんな遊んでいるうちに油断して深いほうに行っちゃうんだよ。」

言葉の問題にチャレンジ！

次の言葉の意味に合うものを選び、記号に○をつけましょう。

Ⓐ **藪から棒**
- ア　おびえながら。
- イ　とうとつ。
- ウ　得意そう。

Ⓑ **もっての外**
- ア　面白いこと。
- イ　とんでもないこと。
- ウ　だれもやったことがないこと。

Ⓒ **腑に落ちない**
- ア　うそにちがいない。
- イ　危険なはずはない。
- ウ　納得がいかない。

答えは67ページ

「なるほど。カーブの外側は内側より強い力がはたらくから、底が深くて流れも速くなるんだね。」

透が腕組みをしてうなずきました。

「うん。ぼくらが川遊びをしていた場所は、キャンプやバーベキューをする人に人気で、県外から来る人たちがとても増えたんだ。でも、外から来る人たちは『かっぱ淵』のことを知らないから、子どもだけじゃなく大人も近づく人がけっこういてね。おぼれそうになって、Ⓓ**肝を冷やす**っていうことが毎年あったんだよ。」

大樹がめずらしく厳しい顔をして、静かに言いました。

「そっか。つまり、ⓤ急に水深が深くなって子どもの足がつかなくなったところを、速い流れにさらわれちゃうんだね。それって、かっぱに足を引っぱられておぼれるっていう伝説とそっくりだと思わない？

きっと、子どもたちを危ない場所に近づかせないように、妖怪のかっぱが出るよってⒺ**伝承**されてきたんだと思う。昔の人の知恵だよね。そういうわけだから、おばあちゃんの言うことは聞いたほうがいいね。勇太くん、Ⓕ**軽はずみ**に『かっぱ淵』に近づ

4 ――ⓤこういう状況になるのはなぜですか。□に当てはまる言葉を文章中から探して書きましょう。

□の外側は内側より□がはたらくから。

5 あかりは、かっぱの伝説が伝承されているのはどうしてだと考えましたか。□に当てはまる言葉を文章中から探して書きましょう。

□を□に近づかせないようにするため。

6 あかりたち三人は、知らないうちになんと呼ばれていましたか。文章中から探して七文字で書きましょう。

□□□□□□□

いたらいけないよ。**『君子は危うきに近寄らず』**っていうでしょう？」

あかりが、優しく**諭し**ました。

「そっかぁ。かっぱなんているわけないのにって思っていたけれど、ちゃんと理由があったんだね。さすが『なぞ解きトリオ』だね！」

と、勇太が手放しで感心しました。

「なぞ解きトリオ!?」

あかりたち三人は、そろいもそろって口をぽかんと開けました。

「あれ、さっき言わなかったっけ？　最初はさ、街のなぞ解きイベントで、なぞを作った星さんという五年生がいるって三年生の中でうわさになってたんだ。そのあと、星さんになぞ解きの相談をすると、星さんと、いつも星さんといる男の子と三人で、なんでも解決しちゃうっていううわさになったんだよ。もう、学校中で広まっているんじゃない？　本人たちが知らなかったって、ウケる！」

勇太は笑いながら、「ありがとう！」と言って、帰っていきました。

「はあ、二人ともごめん！　多分、花があちこちであかりちゃんのことを言いふらしたんだと思う。」

「うーん。はずかしいけれど、いいうわさみたいだし、まあいいか。」

あかりが照れ笑いすると、透もまんざらでもない顔をしました。

「ぼくは、なぞ解きのうまいあかりちゃんと透くんの仲間に数えてもらって光栄だよ。」

大樹がちょっぴりからかうような表情で笑いました。

言葉の問題にチャレンジ！

次の言葉を正しい意味で使っている文を選び、記号に○をつけましょう。

D 肝を冷やす
- ア 熱中しすぎたので肝を冷やす。
- イ まんざいを聞いて肝を冷やす。
- ウ 車にぶつかりそうで肝を冷やす。

E 伝承
- ア 地方の昔話を伝承する。
- イ 家庭にパソコンが伝承する。
- ウ 澄んだ空気が伝承する。

F 軽はずみ
- ア ボールが軽はずみする。
- イ 軽はずみな言葉で傷つける。
- ウ 熟考の末、軽はずみに行動する。

答えは67ページ

答えと解説

なぞ11 とけるアイスととけないアイスのなぞ 50・51ページ

【50・51ページ】

① 花

解説

50ページ6・7行目に「花が持ってきたアイスを出すと、～半分とけてしまっていました」とあります。またその直後に、「大樹があわてて～中身はまったくとけていません」（7・8行目）とあることから考えましょう。

② 同じ個数・ドライアイス

解説

50ページ14・15行目の大樹の言葉に「ぼくと花は同じ保冷バッグに、同じ個数のアイス、同じ量のドライアイスを入れてもらった」とあります。

③ 冷気は下におりるから

解説

51ページ15・16行目の大樹の言葉に「冷気は下におりるから、ドライアイスは上に置くのが正解」とあります。冷気は下におりるうえに、保冷バッグのファスナーを開けていたので、アイスが冷えず、とけてしまったのです。

言葉の問題にチャレンジ!

Ⓐ ア　Ⓑ ウ　Ⓒ イ

言葉の学習

お話に出てきた言葉の意味を確かめましょう。

呆然……あっけにとられている様子。

つまびらか……ものごとの細かいところまで明らかにすること。

科学の解説

空気中には酸素の他に、ちっ素や二酸化炭素がふくまれています。ドライアイスは二酸化炭素を固体にしたもので、氷より温度が低く、通常、液体にはならず、直接気体になります。ドライアイスによって冷やされた空気は、周りの空気よりも重いので、白いけむりは下へと流れていくのです。

では、風船がうくのはなぜでしょう。それは、空気より軽い気体であるヘリウムを入れてあるからです。

なぞ12 おどるスライムのなぞ 52～55ページ

【52・53ページ】

① 金井哲也

解説

52ページ15行目に「放課後、花とともに相談者の金井哲也がやってきました」とあることから考えましょう。

② ウ

解説

53ページ12・13行目に「哲也はくやしくなり、トリックを知りたくなった」とあります。このトリックについて、3～9行目の「哲也には中学一年生の兄がいて、～スライムがのびたり縮んだりしておどったというのです」をよく読んで考えましょう。

③ 砂鉄 U字磁石（磁石）

解説

53ページ15行目のあかりの言葉に「透が砂鉄と磁石でうまく説明できそうだね」とあることや、「砂鉄を造作なく練りこむと～透がU字磁石を近づけると」（19～21行目）の部分から読み取りましょう。U字磁石は磁石でも正解です。

言葉の問題にチャレンジ！

Ⓐ イ
Ⓑ ウ
Ⓒ ア

言葉の学習

お話に出てきた言葉の意味を確かめましょう。

あざける……ばかにして笑ったりする。

息を殺す……呼吸の音もさせないほど、だまってじっとする。

【54・55ページ】

④ 教室・ろうか

解説

この場には、あかり、透、大樹、花、相談者の哲也の他に、「まだ教室やろうかに残っていた子どもたち」（54ページ5・6行目）がいることから考えます。「みんな」は、7行目で「え、スライムがおどるの？ ぼくたちにも、見せてよ」と話しかけた人たちです。この発言から、おどるスライムをまだ見ていない人たちだとわかり、「教室やろうかに残っていた子どもたち」が正解とわかります。

⑤ イ

解説

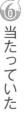

54ページ20・21行目のあかりの言葉に「お兄ちゃんは、手ぶくろをぬぐときも手のひらを見せなかったんじゃない？」とあります。さらに、あかりの言葉を受けて、大樹が「指のはらにおさまるサイズの磁石をはりつけていたってことか」（55ページ5～7行目）と話しています。つまり、哲也の兄が指のはらに磁石をかくしていたのではないかと考えたのです。

⑥ 当たっていた

解説

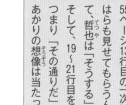

55ページ13行目の「次は手ぶくろだけじゃなくて指のはらも見せてもらうんだ」という大樹の助言を受けて、哲也は「そうする」（14行目）と返事をしています。そして、19～21行目を読むと、哲也は兄に「図星だ」、つまり「その通りだ」と言われたことがわかります。あかりの想像は当たっていたというわけです。

言葉の問題にチャレンジ！

Ⓓ ウ
Ⓔ ア
Ⓕ ウ

解説

「たちどころ」は「その場ですぐに」、「奇想天外」は「思いがけない奇抜なこと」、「図星」は「人に指摘されたことがその通りであること」という意味です。

言葉の学習

お話に出てきた言葉の意味を確かめましょう。

野次馬……興味本位でさわぎつつ、見物すること。

目からうろこが落ちる……何かをきっかけとして、急にものごとの実態が理解できるようになる。

なぞ13 おなかが痛くなる原因は？ 56・57ページ

【56・57ページ】

① 男の子・相談（話）

解説

56ページ13～15行目に「『男の子の前だと……。』と口が重くなりました」とあり、恵は「相談したい」（10・11行目）けれど、大樹や透の前で話しづらいのだと読み取れます。12行目に「話してみて」というあかりの言葉があるので、「相談」は「話」と言いかえても正解です。

② ウ

解説

57ページ16・17行目のあかりの言葉に「牛乳にふくまれる乳糖を消化しづらい体質かもしれないね」とあります。

3 牛乳・低乳糖の製品（乳飲料）

解説

57ページ18行目であかりが「低乳糖の乳飲料に変えてみたらどうかな」と提案しています。これを受け入れて、「家で使う牛乳を低乳糖の製品に変えてもらった」（20行目）ことで恵のなやみは解決したのです。

言葉の問題にチャレンジ！

Ⓐ ウ
Ⓑ ウ
Ⓒ ア

言葉の学習

お話に出てきた言葉の意味を確かめましょう。

口が重い……口数が少ない。
不快……病気などで気分がすぐれない。

科学の解説

口から始まって、食道、胃、小腸、大腸を通って、肛門までいたる食べ物の通り道を消化管といいます。消化管では、消化液によって食べ物を分解して栄養を吸収しやすい状態にしてから、体内に吸収しています。消化液には、酵素というものが含まれています。消化液に含まれる酵素の種類や量は人によって異なっているため、消化しやすい食べ物は人それぞれです。

たとえば、牛乳を飲んでおなかの調子をくずしやすい人は、牛乳に含まれる乳糖を分解するラクターゼという酵素が少ないことが考えられます。すると、小腸で十分に吸収できず、大腸へ進んで腹痛の原因になることがあるのです。

なぞ14 育たないヒマワリ 58・59ページ

【58・59ページ】

1 植木鉢（の大きさ）

解説

58ページ17行目の「小さい鉢だと水も栄養も足りなくなっちゃうと思う」や、59ページ12～15行目のあかりの助言から植木鉢の大きさが原因だったとわかります。

---

2 ア

解説

59ページ5・6行目で「学校の花だんってそんなに深くないよね？」と問いかけたことからわかります。

3 くき・のびる

解説

59ページ3・4行目で大樹が「植物の根っこって、実はくきと同じぐらいのびるんだ」と言っています。

言葉の問題にチャレンジ！

Ⓐ イ
Ⓑ ウ
Ⓒ イ

言葉の学習

お話に出てきた言葉の意味を確かめましょう。

目を見張る……おどろきやいかり、感心などで目を大きく見開くこと。
奮起……元気や勇気をふるい起こすこと。

なぞ15 かっぱ伝説のなぞ

60〜63ページ

【60・61ページ】

① なぞ解きが得意な五年生の三人組

解説 60ページ6・7行目に「なぞ解きが得意な五年生の三人組が一組にいるって聞いたから相談に来た」とあります。

② イ

解説 61ページ17・18行目の大樹の言葉に「ぼくが春まで住んでいたN県にも『かっぱ淵』って呼ばれるところがあるんだよ」とあることから考えましょう。

③ 外側

解説 「外側は急に深くなっていて流れが速い」（61ページ18・19行目）、「内側は浅くて流れがゆっくり」（20行目）という、大樹の説明をもとにして考えましょう。

言葉の問題にチャレンジ！

Ⓐ イ
Ⓑ イ
Ⓒ ウ

言葉の学習 お話に出てきた言葉の意味を確かめましょう。

亀の甲より年の功……長年の経験は貴重であるということ。

太刀打ちできない……まともに張り合うことができない。

【62・63ページ】

④ カーブ・強い力

解説 62ページ1・2行目の透の言葉に「カーブの外側は内側より強い力がはたらくから、底が深くて流れも速くなるんだね」とあることから考えましょう。

⑤ 子どもたち・危ない場所

解説 62ページ14〜17行目のあかりの言葉に「子どもたちを危ない場所に近づかせないように、妖怪のかっぱが出るよって伝承されてきたんだと思う」とあります。

⑥ なぞ解きトリオ

解説 63ページ3・4行目の勇太の言葉や、あかりたち三人の様子について、よく読んで考えましょう。「トリオ」とは、三人組を表す言葉です。

言葉の問題にチャレンジ！

Ⓓ ウ
Ⓔ ア
Ⓕ イ

解説 「肝を冷やす」は「おどろきとおそれで、ひやりとする」、「伝承」は「後世に伝えていくこと」、「軽はずみ」は「深く考えずに言ったり、したりすること」という意味です。

言葉の学習 お話に出てきた言葉の意味を確かめましょう。

君子は危うきに近寄らず……すぐれた人は、自ら危険なところには近寄らないということ。

諭す……目下の者が理解できるように、話して聞かせる。

もっと理解を深めよう

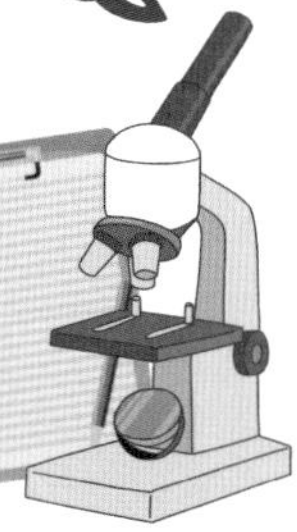

なぞ14 植物の体と育ち方

58・59ページ

身近な植物を、よく観察してみましょう。コケの仲間のように、**根**、**くき**、**葉**の区別がはっきりしていない種類もありますが、多くの植物の体は、根、くき、葉からできています。

根には、養分や水を、土から取り入れるはたらきがあります。葉は、日光を受けて、根から吸い上げた水や空気中の二酸化炭素から、**でんぷん**という養分を作り出します。このはたらきを、**光合成**といいます。くきには植物の体を支えるはたらきがあります。

植物の体のつくり

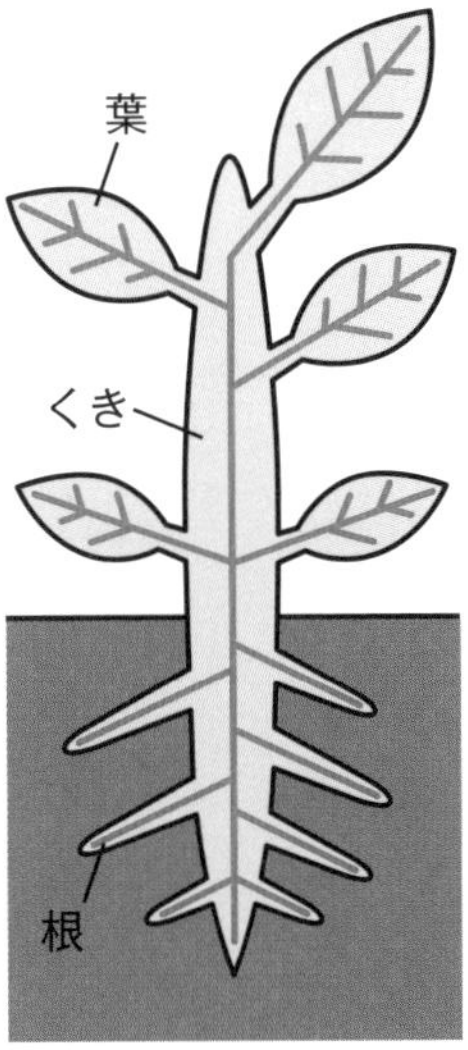

植物がしっかりと育つためには、**空気と水**、**適当な温度**、**肥料などの養分**、そして**日光**が必要です。これらが十分にないと、植物は元気に育つことができず、かれてしまうこともあります。

なぞ15 流れる水のはたらき

60～63ページ

流れる水には、地面をけずるはたらき、土や石などを運ぶはたらき、運んだ土や石などを積もらせるはたらきがあります。けずるはたらきを**しん食**、運ぶはたらきを**運ぱん**、積もらせるはたらきを**たい積**といいます。

川の上流では流れが急なため、おもにしん食と運ぱんが起こります。そのため、上流では山がしん食されてできた、大きな角ばった石が多く見られます。また、流れがややゆるやかな川の中流ではおもに運ぱんが起こり、流れがゆるやかな川の下流では、おもにたい積が起こります。流れる水のはたらきは、雨などで流れる水の量が多くなるほど大きくなります。

また、川が曲がっている場所では、カーブの外側で水の流れが速くなり、さかんにしん食が起こり、川岸ががけになったり、川底がけずられたりします。一方、カーブの内側では水の流れがゆるやかになり、川原ができます。

川の様子

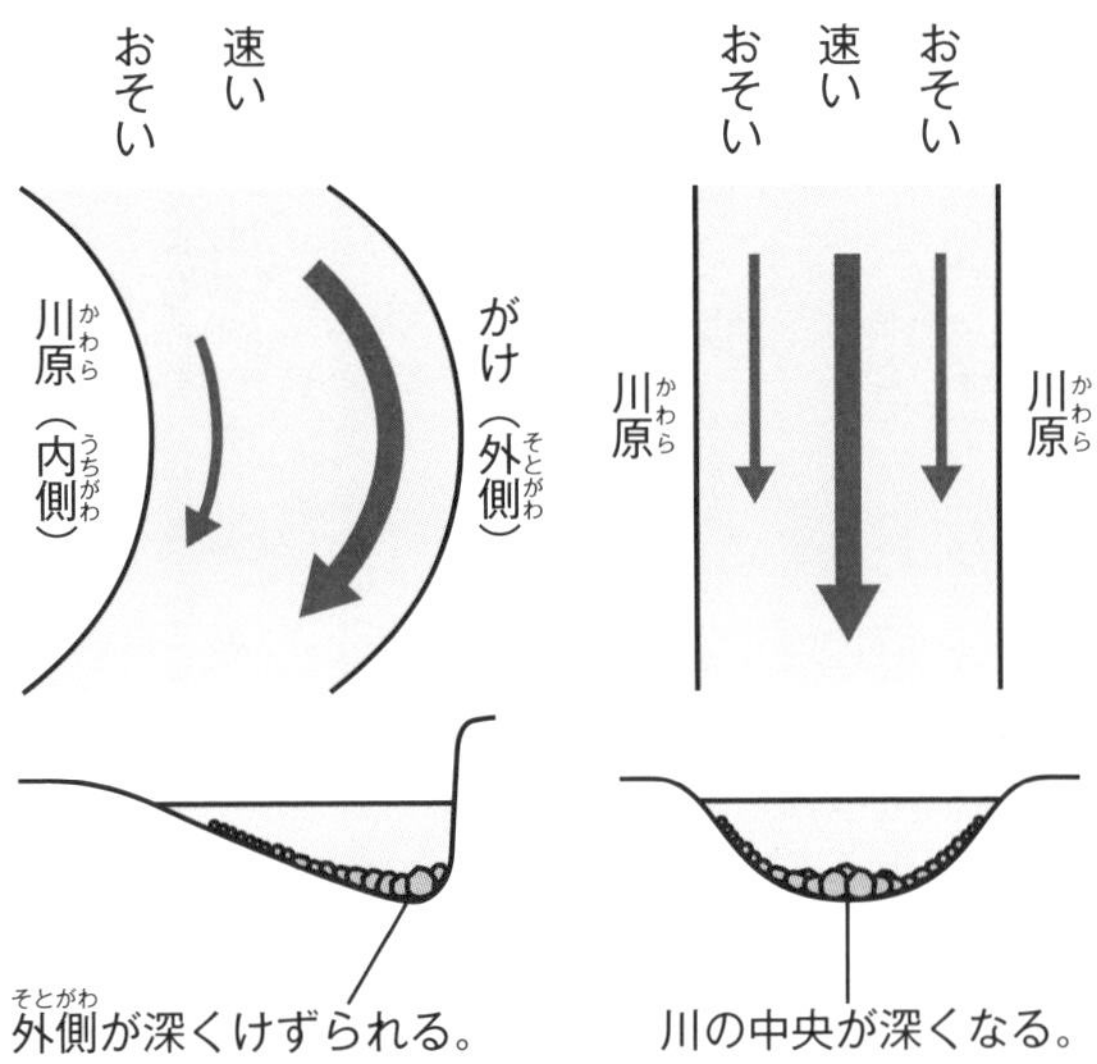

おさらい！科学クイズ

流れる水が土や石などをけずるはたらきをなんというでしょう？

1. しん食
2. 運ぱん
3. たい積

← 答えは90ページ

48ページの答え 2

赤色リトマス紙を青色にするのは、アルカリ性の水溶液です。

4章 挑戦状の差出人

下級生たちのなぞを解くうちに、
あかり、透、大樹は、
「なぞ解きトリオ」として
学校中に知られることに。

ある日、そんな三人のもとに
差出人のわからない「挑戦状」が届きます。
挑戦状には「なぞを解き、私の正体を当てろ」
とあります。

三人は、挑戦状のなぞを解き、
差出人を見つけ出すことができるでしょうか。

なぞ16

仲間の道具で暗号を解け

四年生の寒川勇太のなぞを解いたとき、大樹、あかり、透の三人は「なぞ解きトリオ」として、学校中に知られていたことがわかりました。今では、ちがう学年の知らない子からも声をかけられるほど、三人のⒶ**顔が売れて**います。知らない人と話すのが苦手な透は、最初はどきどきしていましたが、人なつこい大樹のおかげで、知らない子のなぞ解きに協力することにもすっかりⒷ**順応**しました。「なぞ解きトリオ」として解決したなぞも、**枚挙にいとまがありません。**

ある日、三人で下校しようと下駄箱からくつを取ろうとすると、それぞれの右のくつから㋐二つ折りのカードがはらりと落ちました。それぞれのカードの表には「挑戦状」とあり、カードの中身もまったく同じ文章が書かれていました。

なぞ解きトリオへ　なぞを解き、私の正体を当てろ。

一つ目のなぞは、はさみ、ペンチ、くるみわり、ピンセットの仲間の道具で暗号を解け。

選択肢：たぬき、くぎぬき、せんぬき、ばばぬき

暗号：くぎりかせんしつのせんとくぎくびくら

みんなが読み終わると、あかりが腕を組んで考えこみました。

学習日　／

1　―㋐カードはなんでしたか。文章中から探して三文字で書きましょう。

□□□

2　①のカードを受け取ったのはだれですか。合うものを選んで記号に○をつけましょう。

ア　あかり

イ　あかりと透

ウ　なぞ解きトリオの三人

3　あかりがカードについて気にしているのはどんなことですか。□に当てはまる言葉を文章中から探して書きましょう。

□と書いてあること。

「挑戦状の差出人の正体を当てろってあるけれど、『一つ目のなぞ』と書いてあるのが気になるな。だって、それっていくつもなぞを解かないと、差出人にたどりつかないということじゃない？　なんだか**一筋縄ではいかないようだね。**」

「選択肢の『たぬき』と『ばばぬき』はそもそも道具じゃないからはずせるよね。残るは、『くぎぬき』と『せんぬき』か。はさみ、ペンチ、くるみわり、ピンセットがなんの仲間か考えないと、なぞが解けないね。切ったり、つまんだり、割ったりする道具か。」

　大樹が興味深そうに言ったとたん、

「全部『てこ』だよ。」

と、透がすかさず答えました。

「あれ？　理科の教科書をもらったときに目次を見たけれど、『てこ』ってこれから習うところだよね。透って一体どこまで予習をしているの？」

　あかりの©**目が点になりました。**

「科学で興味を持ったことは、いつ習うとか関係なしに調べるよ。『てこ』を説明するには……まず、この下駄箱のすのこを持ち上げてみて。」

言葉の問題にチャレンジ！

次の言葉の意味に合うものを選び、記号に○をつけましょう。

Ⓐ **顔が売れる**
- ア 犯罪に巻きこまれる。
- イ 有名になる。
- ウ きらわれる。

Ⓑ **順応**
- ア 人の言うことをよく聞くこと。
- イ 順番通りに進めること。
- ウ 変化に合わせて変わること。

Ⓒ **目が点になる**
- ア ぼんやりする。
- イ びっくりする。
- ウ 関心がなくなる。

← 答えは86ページ

「えっ、これそうじの時間に数人がかりで持ち上げるやつだけど？」

「重さを実感してもらいたいだけだから。まあ、ちょっとやってみてよ。」

透に言われ、あかりがすのこに手をかけました。けれど、やはり簡単には持ち上がりません。なんとか持ち上げようとⒹ四苦八苦していると、

「もういいよ。おろして。」

と、透があっさり言いました。次に、透はい昇降口のドアストッパー代わりに使われているレンガと、そうじ用のデッキブラシを持ってきました。そして、レンガの「長手」側を下にしてすのこの少し手前に置き、デッキブラシをあかりに手わたしました。

「すのこは大きいし木製だから重いよね。だけど、このレンガを支えに、すのこの下にデッキブラシのえを差しこんで、ブラシ側を下げると、簡単にすのこが持ち上がるよ。」

あかりが透に言われた通りにブラシ側を下げると、すのこの端がすっと持ち上がりました。さっきとは大ちがいです。

「本当だ！　軽々持ち上がったよ。」

「レンガを支点にして、力点であるブラシ側に力を加えたから、作用点にあるすのこが持ち上がったんだ。支点と力点のきょりを長くするか、支点と作用点のきょりを短くすると、少ない力で持ち上

4 ――い透はこれらを使って、何を説明しようとしましたか。文章中から探して二文字で書きましょう。

「　　」の原理

5 カードの選択肢の中で、仲間の道具に当たるのはなんですか。文章中から探して二つ書きましょう。

6 暗号を解くためのかぎとなる四つのひらがなはなんでしたか。□に書きましょう。

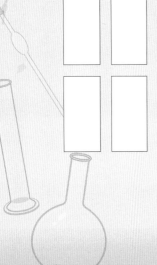

げられるよ。なぞ解きに戻ると、はさみは二枚の刃が交差する部分が支点、持ち手が力点、刃が作用点だよ。選択肢の中で『てこ』の仕組みを使っている仲間は、『くぎぬき』と『せんぬき』の二つだ。」

透が「てこ」の原理をわかりやすく体験させたうえで、過不足なく説明してみせたことに、あかりはⒺ**舌を巻きました**。

「さすが理科が得意な透だね！」

大樹も、すっかり感心した様子で言いました。

「じゃあ、私が暗号を解くね。『くぎりかせんしつのせんとくぎくびくら』が暗号で、『仲間の道具で暗号を解け』だから、『くぎぬき』と『せんぬき』が暗号を解くかぎってことだよね。それなら、『く』、『ぎ』、『せ』、『ん』の四文字を暗号から抜くっていう意味にまちがいないよ。」

あかりがそうⒻ**断言**しました。こちらもなぞ解き名人ぶりがすっかり**板についた**様子です。

「あ、そうか。両方とも『ぬき』がついているから、その上の文字を抜けばいいんだね。じゃあ、それで読んでみるね。ええと、『りか、しつの、と、び、ら』だ。意味が通るよ。あかりちゃんも、さすが！」

大樹が、あかりの言う通りに答えを導き出しました。

「次のなぞは、理科室の扉にあるってことか。」

「挑戦状の差出人が**手ぐすねを引いて**待っているんだろうけれど、私たちが何問でも解いてあげようじゃないの！」

三人はちょっぴりわくわくしながら、理科室に向かいました。

言葉の問題にチャレンジ！

次の言葉を正しい意味で使っている文を選び、記号に○をつけましょう。

Ⓓ 四苦八苦

ア 四苦八苦遊んでばかりいる。
イ 犯人は四苦八苦あの人だろう。
ウ 暗号を解くのに四苦八苦する。

Ⓔ 舌を巻く

ア 熱いお茶に舌を巻く。
イ 見事な演奏に舌を巻く。
ウ 早くしゃべろうと舌を巻く。

Ⓕ 断言

ア 自信がないので断言した。
イ あいまいに断言した。
ウ 弟のしわざだと断言した。

←答えは86ページ

なぞ17

水中でくらす人間

三人が理科室に着くと、思った通り、二つに折られたカードが後ろの扉にはさまっていました。けれど、理科室はしーんとしていて、だれもいないようです。

「ここにも挑戦状の差出人がいないのか。ずいぶんⒶ**入念**に準備したみたいだね。」

あかりがそう言いながら、カードを開きました。

二つ目のなぞは、次のように書いてありました。

シュノーケルも酸素ボンベもない水中で、何か月もくらせる人間はだれだ？ ①②③に答えの三文字を入れ、暗号文を解け。

暗号文：①②③ゅうけ②のし①

「ずっとじゃなくて、『何か月も』とあえて期間を限定しているところがミソだね。これで答えがわかっちゃう。」

あかりがⒷ**したり顔**で言いました。

「えっ、そう？ 水中でくらせる人間なんている？」

大樹がちょっとおどろいたように言いました。透もぱっとは思いつかないらしく、めずらしく腕を組みつつ首をひねっています。

「大樹くんも透も昔はそうだったんだけどな。赤ちゃんとしてお母さんの

学習日 ／

1 なぞが書かれたカードは、どの教室のどこにはさまっていましたか。文章中の言葉を使って書きましょう。

2 「水」と「人間」は、それぞれ何を指すと、あかりは考えましたか。文章中から探してそれぞれ漢字二文字で書きましょう。

水…

人間…

3 なぞを解いた三人が次に向かうことにしたのはどこですか。文章中から探して書きましょう。

おなかにいるときにね。水っていうのは、羊水のことだよ。」

あかりがすらすらと説明をして、ふふふっと笑いました。

「あ、そっかぁ。なるほどね。答えは『胎児』だったのか。ぼく、半魚人とか人魚とかファンタジーな姿が頭にうかんじゃってさ。**箸にも棒にも掛からない**推理ではずかしいよ。」

大樹がはぁとため息をつきました。

「人魚も半魚人も人間なのは半分だけだからね。でも、大樹くんの得意分野は私とは別でしょう？　**適材適所**だよ。あと何問なぞ解きがあるのかわからないけれど、私が苦手な分野でたよりにしてるよ。」

あかりがくすっと笑いながら、なぐさめます。

「ぼくが得意な分野のなぞ、これから出るかなあ。」

「それより、①に『た』、②に『い』、③に『じ』を入れて暗号を解くと『体重計の下』だ。体重計ってことは、保健室だよね？　早く行こう。」

効率Ⓒ**重視**の透が、いつの間にか一人で暗号を解いていました。

「保健室、まだ開いてるかな？　たしかに、急いだほうがいいかもね。」

三人は急ぎ足で保健室へ向かいました。

言葉の問題にチャレンジ！

次の言葉の意味に合うものを選び、記号に○をつけましょう。

Ⓐ **入念**
- ㋐ 大ざっぱでいい加減。
- ㋑ だんだん雑になっていく。
- ㋒ 細かいところまでていねい。

Ⓑ **したり顔**
- ㋐ 不安そうな様子。
- ㋑ 得意そうな様子。
- ㋒ 悲しそうな様子。

Ⓒ **重視**
- ㋐ 重要なものとしてあつかうこと。
- ㋑ あつかいが難しいためさけること。
- ㋒ 目で見て重さを推測すること。

答えは87ページ

なぞ18

山びこのお告げ

「失礼しまーす。」

　先頭の大樹が保健室の扉を開けると、待ちかねたように保健室の先生が三人を手招きしました。

「あなたたちが、Ⓐ**かねてから**うわさのなぞ解きトリオね。早くなぞを解いてくれる？　もうここを閉めたいから。念のために言っておくけれど、私は**公平無私**に場所を貸しただけよ。ヒントも言わないからね。」

　保健室の先生が苦笑いしました。

「わかりました。すぐ終わらせます。」

　透が体重計をそっとずらすと、そこには三人の予想通り次のカードが置かれていました。透はすぐにカードを開き、声に出して読みました。

　AくんとBくんが山に行った。途中、山びこが聞こえることで有名なスポットの吊り橋があったので、吊り橋の真ん中で試してみた。

　Aくんは進行方向に向かって『鉄棒』とさけんだ。

　Bくんは川下に向かって『うんてい』とさけんだ。

　山びこの言う通りの場所へ行け。なお、吊り橋をわたった先には山の斜面がある。川は吊り橋と直角に交わるように流れ、川上も川下も視界が開けていた。

学習日　／

1 保健室にだれがいましたか。合うものを選んで記号に○をつけましょう。

ア　保健室の先生

イ　なぞの出題者

ウ　AくんとBくん

2 ―あ　こう言えるのはなぜですか。□に当てはまる言葉を文章中から探して書きましょう。

川下に向かってさけんでも、声を［　　　］させるものがないから。

3 あかりが、挑戦状を出した人物は複数いると考えたのはなぜですか。文章中の言葉を使って書きましょう。

［　　　　　　］

透が読み終わると、大樹がすかさず、

あ「これは簡単。鉄棒だよ。」

と、言いました。

「うん。Bくんは、視界が開けている川下に向かってさけんでいるからね。山に声が反射するから山びこなのに。まあ、山じゃなくても、音がはね返る固いものならいいんだけどね。」

透も付け加えました。

「問題の難易度に、ばらつきがあることはⒷ**否めない**ね。私には、挑戦状を出したのが一人じゃない気がするな。」

あかりがそう言ったとたん、保健室の扉の外でガタッと音がしたあと、あわてて走っていく足音が聞こえました。

「だれっ？」

三人は扉を開けてろうかを見ましたが、だれもいません。

「にげられたか。仕方ない、追いかけるより最後まで早くなぞを解いてⒸ**けりをつけよう**。先生、ありがとうございました。失礼します。」

透が保健室の先生にあいさつをして**いとま**を告げ、三人は休むひまもなく校庭のすみにある鉄棒に向かいました。

言葉の問題にチャレンジ！

次の言葉の意味に合うものを選び、記号に○をつけましょう。

Ⓐ **かねてから**
- ア 遠くから。
- イ はば広い層から。
- ウ 以前から。

Ⓑ **否めない**
- ア 認められない。
- イ 信じられない。
- ウ 否定できない。

Ⓒ **けりをつける**
- ア なんくせをつける。
- イ 力でねじふせる。
- ウ 決着をつける。

答えは87ページ

なぞ 19

ブランコ競争

校庭の鉄棒は高、中、低と三種類の高さがあるので、大樹、透、あかりがそれぞれ手分けして鉄棒を見ました。「あったよ！」と声を上げたのは、大樹でした。一番高い鉄棒の支柱に二つ折りのカードがテープではりつけられていいます。

大樹はカードをはがし、なぞを読み上げました。

体の大きい男の子二人が**肩で風を切って**公園へやってきてブランコを占領したので、小さい子が遊べないでいた。体格差があるので、みんなⒶ**しりごみ**して「ゆずって。」と言うことができない。そこへ細身の女の子がやってきて、ブランコを好きな高さから同時に放して、どちらが速く十往復できるか競争しようと言った。女の子より速く十往復すればブランコはゆずらなくていい。けれど、同着かおそければブランコを小さい子たちにゆずってほしい、という話だった。

男の子二人は、その競争に応じることにした。男の子は「勢いがつきそうだから。」と、できるだけ高い位置に構えたが、十往復にかかった時間は女の子とまったく同じだった。

「同着だから、私の勝ちだね。」

女の子にそう言われると、男の子たちはⒷ**いかり心頭に発する**様子で公

学習日

／

① カードはどの鉄棒にあり、だれが見つけましたか。

鉄棒… □

だれ… □

② ―(あ)同じ意味の内容を別の言い方で表している部分を文章中から探し、十六文字で書きましょう。

□□□□□□□□□□□□□□□□

③ ―(い)どんなことをあやしいと思っていますか。□に当てはまる言葉を文章中から探して書きましょう。

・ことさら □ していること。

園から出ていった。女の子は、小さい子たちに、ブランコは【A】と同じで「長さが同じなら抜けない。」と笑った。
【A】を考えて、暗号を解け。
暗号：ごねん・いちくみ・らんどせる・さんねん・にくみ・いす・うわばき・うしろ・まえ・せんせい・とびら・こくばん。」

「【A】が、ふりこだっていうことはわかるんだけど……。」

透がめずらしく**奥歯に物がはさまった**ような言い方をしました。

「ふりこは、重さやふれはばがちがっても、往復にかかる時間は変わらないんだよね。長さが短いと速くなって、長いとおそくなる、つまり、長さがちがうときだけ結果が変わる。女の子はブランコをゆずらせるために、絶対に負けない勝負を、男の子たちに持ちかけたわけだよね。」

大樹もふりこをよく知っているようです。あかりも続けます。

「うーん。だから『長さが同じなら抜けない』と書いてあるんだよね。でも、わざわざカッコで囲って、**ことさら**強調しているのがあやしいと思わない？ ここは、『長さが同じなら、私たちより速くなることはないの』ぐらいが自然なのに、ちょっと不自然な文になっているんだよね。」

□な文になっていること。

言葉の問題にチャレンジ！

次の言葉の意味に合うものを選び、記号に○をつけましょう。

Ⓐ **しりごみ**
- ア おじけづいてためらうこと。
- イ やる気にあふれていること。
- ウ いかりでいっぱいであること。

Ⓑ **いかり心頭に発する**
- ア いかりが急におさまる。
- イ 泣きそうになる。
- ウ 激しくおこる。

Ⓒ **ことさら**
- ア 特別に。
- イ 今ごろになって。
- ウ 少しも。

答えは88ページ

透と大樹が「言われてみればそうかも。」と、うなずきました。

「それでね、暗号文をよく見て。一見でたらめに見えるけど、『・』で区切ってあるでしょ。㋒いろいろな長さの言葉があるわけだけど……。試しに、『ふりこ』と同じ長さ、つまり三文字の言葉だけ残して読んでみて。それ以外の言葉は『抜ける』はずだから。」

「三文字の言葉だけを残すと、『ごれん・にくみ・うしろ・とびら』になるね。さすが、あかり！　まさにⒹ**快刀乱麻**だね。さっきの保健室と同じで、五年二組の後ろの扉を見ろ、ということだよ。」

あかりの推理に従って、透が暗号を解きました。

「校舎から校庭に出たと思ったら、また校舎に逆戻りか。そろそろ挑戦状を書いたのがだれなのかを知りたいよね。なぞ解きをさせる理由も、きちんと**腹を割って**話してほしいなあ。」

五年二組に向かうろうかを歩きながら、大樹が言いました。

「さっきも言ったけれど、挑戦状を出したのは複数の子だと私は思うの。保健室の先生だって、一人の子どもの遊びのために、放課後に保健室を開けて待っていてくれるとは思えないし。五年二組の教室をなぞ解きの場所にするということは、少なくとも二組の人がメンバーにいるよね。あっ、今日残っているはずの、あの委員会の子たちかも！」

どうやらあかりは、どんな子どもたちが挑戦状を出したのか、**うすうす**感づいているようです。

「えっ、あかりちゃん、差出人に心当たりがあるわけ？」

④ ―㋒あかりがこうするように言ったのはなぜですか。□に当てはまる言葉を文章中から探して書きましょう。

［　　　　］と同じ長さの三文字の言葉以外は［　　　　］ということを表していると考えたから。

⑤ あかりはカードの差出人について、どんな人たちが関与していると推理しましたか。合うものを二つ選んで記号に○をつけましょう。

ア 保健室の先生。

イ 保健室の先生以外の先生。

ウ 保健委員会のだれか。

エ 五年二組のだれか。

オ 理科の先生。

カ 細身の女の子。

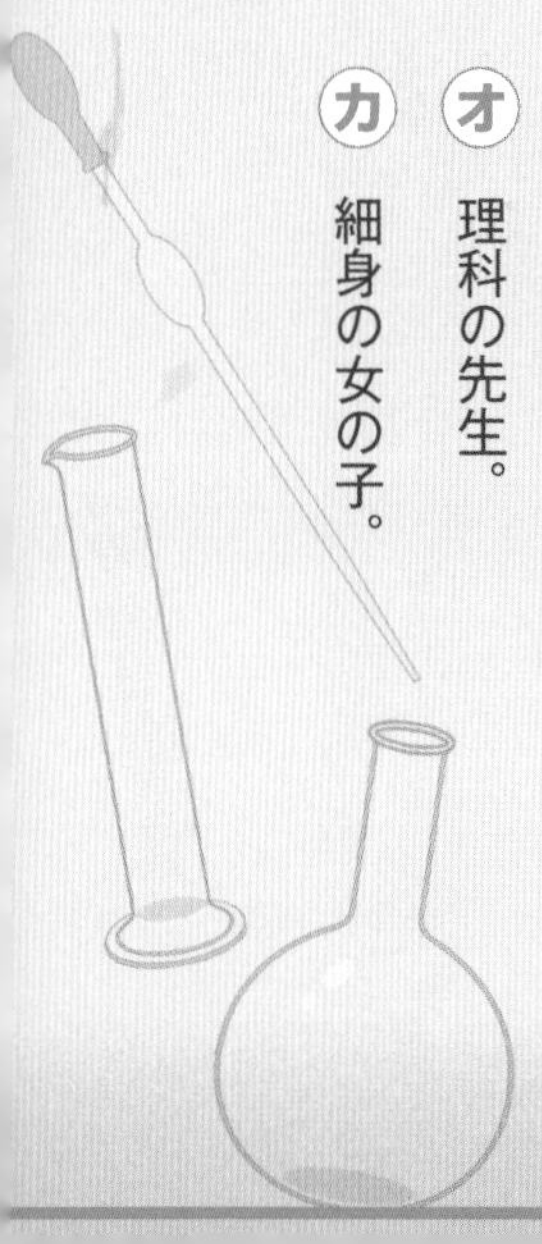

ブランコ競争

大樹がおどろいて聞き返しました。

「心当たりというか、状況的にあの委員会の人たちじゃないかな、という程度だけど。あと、あの委員会の人たちなら、全員五年生だから、まだ習っていない理科の問題を作るのに、アドバイスした人がいると思うの。透じゃあるまいし、一学期に五年生で習うすべての単元を予習して全部覚えている人なんて、そうそういないはずだもん。だから、保健室の先生以外で、最低もう一人の先生が関与していると推理しておきます。」

あかりが、ふふふといたずらっぽく笑いながら言いました。

「え、何その推理！　もし、当たってたら本当にすごいよ！　早く差出人が出てきてくれないかな。ぼく、うずうずしてきた！」

大樹が興奮して言ったとき、三人は五年二組の教室に着きました。透が後ろの扉にさわるかさわらないかのうちに、とつぜん扉がガラリと開き、「わあ！」という歓声がしました。

「もう来ちゃったよ。やっぱりなぞ解きトリオには**付け焼き刃**Ⓔのなぞじゃかなわないや。」

飛び出してきた子どもたちにおどろいた三人は、わけもわからずおたがいの手をつかみましたが、そのまま**芋づる式**Ⓕに教室に引き入れられました。

言葉の問題にチャレンジ！

次の言葉を正しい意味で使っている文を選び、記号に○をつけましょう。

Ⓓ 快刀乱麻

ア 快刀乱麻が現れる。

イ 事件は快刀乱麻で迷宮入りした。

ウ 快刀乱麻の解決ぶり。

Ⓔ 付け焼き刃

ア 努力して付け焼き刃を身につける。

イ 付け焼き刃の知識では合格できない。

ウ 見事な切れ味の付け焼き刃。

Ⓕ 芋づる式

ア このロープは芋づる式だ。

イ 事件の関係者が芋づる式に見つかった。

ウ 芋づる式で、計算する。

← 答えは88ページ

なぞ20

うかび上がる文字

五年二組の教室で、大樹たち三人を拍手でむかえ入れたのは、レクリエーション委員と町田先生でした。レク委員は五年一組から三組までの男女二人ずつがいて、町田先生はレク委員会担当です。

教室のランドセルロッカーの上には草花が生けられた花びんがあり、それだけで大樹のクラスとは雰囲気がちがいました。花びんの空気と水との境で花のくきがずれて見えるなと大樹がⒶ**漠然と**思ったとき、「早く早く。」と背中を押されて、はっと我に返りました。

代表して前に出たのは、レク委員会の委員長で、あかりと同じ読書クラブの風間桃香でした。

「なぞ解きでは、やっぱりなぞ解きトリオのⒷ**右に出るものがない**ね！　校庭まで行ったのに、三十分もしないうちにここまで来ちゃうんだもん。かなり**苦心**して作った問題だったのに、Ⓒ**脱帽**だよ。」

一組のレク委員の設楽駆も、「うんう

学習日　／

1 五年二組の教室で三人を待っていたのはどんな人たちでしたか。□に当てはまる言葉を文章中から探して書きましょう。

□委員と□。

2 ―㋐と言ったのはどうしてですか。文章中の言葉を使って書きましょう。

□

3 透は何を使って、なぞを解こうとしましたか。文章中から探して一文字で書きましょう。

□

ん。」とうなずきました。

「そこのろうかで、星さんが今日委員会で残っている人があやしいとか、先生が最低もう一人関与しているって推理していたよね。じっとここで聞いていたこっちがびっくり！　星さん、探偵顔負けだよ。」

「ただ、(あ)最後はぼくらの目の前でなぞを解いてほしいんだ。今までも三人の様子を確認していたんだけどさ、保健室以降は用心してここにいたしね。だから、どういうふうになぞを解くのか見たいんだ。なぞは、これ。この水そうにかくされたメッセージを読んでほしいんだ。ただし、水そうにさわったらダメです！」

三組のレク委員の山田歩が、透明な丸いビーズのようなものがいっぱい入っている水そうをすっと前に出しました。水そうの後ろに画用紙がはってあります。ところが、ビーズは透明なのに、重なっているところが白っぽく見えて、何が書いてあるのかまったく見えません。

透は少し考えただけで、そうじ用具入れからバケツを取り出し、そのまま無言で教室を出ていくと、すぐに水を入れて戻ってきました。

「何をするの？」

レク委員のみんなと、町田先生が興味津々で透を見つめています。

「これで見えると思うよ。」

透が水そうに水を注いでいくと、みるみるうちに丸いビーズが水にとけたように見えなくなって……代わりに**なみなみ**と水が注がれた水そうの後ろに、文字がうかび上がりました。

言葉の問題にチャレンジ！

次の言葉の意味に合うものを選び、記号に○をつけましょう。

Ⓐ 漠然と
- ア　はっきりと。
- イ　じっくりと。
- ウ　ぼんやりと。

Ⓑ 右に出るものがない
- ア　じゃまをされてもものともしない。
- イ　よりすぐれた者はいない。
- ウ　息の合う仲間はいない。

Ⓒ 脱帽
- ア　くやしさでいっぱいになること。
- イ　尊敬の気持ちをいだくこと。
- ウ　あきれてものが言えないこと。

← 答えは88・89ページ

『夏の林間学校のオリエンテーリングでなぞ解きを取り入れたいので、手助けしてください！　なぞ解きトリオの力が必要です！』

読み終わると、透、大樹、あかりの三人は顔を見合わせました。

「ぼくらをたよってくれるのは光栄なんだけど、準備する側になるとオリエンテーリングはできないってことだよね？　ぼく、参加する側がいいんだけどな。」

Ⓐ透が困惑した表情をうかべて言いました。

「ぼくは、準備する側も楽しそうだと思うけどな。」

透がⒹ**渋る**のとは反対に、大樹がにこにこと言いました。

「そうだよ。ぼくらのなぞはあっという間に解いちゃったじゃないか。レク委員が作ったなぞを最速で解くより、問題を作るほうが透には絶対面白いって！　ぼくらだけだと**にっちもさっちもいかなくて**困っているんだ。たのむよ！」

駆が力説し、他のレク委員たちもうんうんとうなずきました。あかりは真剣に手助けがほしそうな雰囲気を察して、透に向き直りました。

夏の林間学校のオリエンテーリングで
なぞ解きを取り入れたいので、
手助けしてください！
なぞ解きトリオの力が必要です！

4 レク委員たちは、どんなことをお願いしましたか。□に当てはまる言葉を文章中から探して書きましょう。

［　　　　］で

取り入れる［　　　　］の

問題作りの手助けをすること。

5 ―Ⓐ透が困惑したのはなぜですか。文章中の言葉を使って書きましょう。

［　　　　］

6 町田先生は、どうなりそうだと心配していますか。□に当てはまる言葉を文章中から探して書きましょう。

［　　　　］になりそう。

「私はやろうかな。透もいっしょにやろうよ。ね？」

　小首をかしげて、おねだりです。すると、透は「わかった。」とあっさり(E)**腹を決めて**しまったので、桃香は目を丸くしました。

「いやあ、いつものことだけど、清水くんはあかりの本当のお兄ちゃんみたいに面倒見がいいよね。」

　口ではそう言いつつ、あかりに向かって無言で「あ、り、が、と。」と口を動かしました。

「みんな、よかったな。レク委員会としては大助かりだよ。ところで、どうして水を入れればいいとわかったのかな？」

　町田先生が透に聞きました。

「このビーズ、成分がほぼ水の高吸水性ポリマーですよね？　水が入っていないと空気との境目で光が反射したり屈折したりで文字が見えないけれど、水にひたせば屈折率が水とほぼ同じになります。このことは、家で母がポリマーを使って観葉植物を育てているので気づいたんです。」

　すらすら答える透に、大樹も納得顔で言いました。

「そうか、花びんの花のくきも水面の上と下では見え方がちがうもんね。」

「清水たちに問題を作らせると難問になりそうだ。(F)**手を抜け**とは言わないが、参加者の過半数が解けるように、ちゃんと加減してくれよな。」

　町田先生は感心したようなあきれたような口ぶりで**要望**を出しました。

　こうして、夏休みの林間学校までに、レク委員となぞ解きトリオで、なぞ解きの問題を作成することになりました。

言葉の問題にチャレンジ！

次の言葉を正しい意味で使っている文を選び、記号に○をつけましょう。

(D) 渋る

ア　かきの実が渋る。
イ　うれしくてさそいを渋る。
ウ　パーティーへの参加を渋る。

(E) 腹を決める

ア　ふとんをかけずに寝て腹を決める。
イ　入部することに腹を決める。
ウ　腹を決めるまでもなく大笑いする。

(F) 手を抜く

ア　国の代表としてしっかり手を抜く。
イ　新入部員相手に手を抜く。
ウ　手を抜いて、熱心に指導する。

答えは89ページ

答えと解説

なぞ16 仲間の道具で暗号を解け 70～73ページ

【70・71ページ】

1 挑戦状

解説 70ページ10行目に「カードの表には『挑戦状』とあり」と書かれています。問題文に「三文字で」とあることにも注意して答えましょう。

2 ウ

解説 70ページ8・9行目に「三人で下校しようと～それぞれの右のくつから二つ折りのカードがはらりと落ちました」とあることや、「なぞ解きトリオへ」（12行目）とあることから考えましょう。

3 一つ目のなぞ

解説 71ページ2・3行目のあかりの言葉に「『一つ目のなぞ』と書いてあるのが気になる」とあります。『』をつけていても正解です。

言葉の問題にチャレンジ！

Ⓐ イ
Ⓑ ウ
Ⓒ イ

言葉の学習

お話に出てきた言葉の意味を確かめましょう。

枚挙にいとまがない……たくさんあって数えきれない。

一筋縄ではいかない……普通のやり方では対応できない。

【72・73ページ】

4 てこ

解説 73ページ4・5行目に「透が『てこ』の原理をわかりやすく体験させたうえで、過不足なく説明してみせた」とあり、透がレンガやデッキブラシを使ってあかりに体験させたのは「てこ」の原理だったことがわかります。

5 くぎぬき・せんぬき

解説 73ページ2・3行目の透の言葉に「選択肢の中で『てこ』の仕組みを使っている仲間は、『くぎぬき』と『せんぬき』の二つだ」とあることから考えましょう。

6 く・ぎ・せ・ん

解説 73ページ10・11行目のあかりの言葉に「『く』、『ぎ』、『せ』、『ん』の四文字を暗号から抜くっていう意味にまちがいないよ」とあることから考えましょう。

言葉の問題にチャレンジ！

Ⓓ ウ
Ⓔ イ
Ⓕ ウ

解説 「四苦八苦」は「とても苦労すること」、「舌を巻く」は「あまりにすぐれていて感嘆する」、「断言」は「きっぱりと言い切ること」という意味です。

言葉の学習

お話に出てきた言葉の意味を確かめましょう。

板につく……経験を積んで、その人の地位や仕事がその人にしっくりくること。

手ぐすねを引く……十分に準備して待つ。

科学の解説

一点で支えた棒を使って小さな力を大きな力に変え、ものを持ち上げたり動かしたりする仕組みを「てこ」といい、支点、力点、作用点が関係し合っています。この仕組みを応用してできた道具には、くぎ抜きやせん抜きの他、はさみやクリップなどがあります。てこの仕組みは、力点から支点、作用点から支点のきょりを調整することで、大きな力を小さくすることもできます。ピンセットのように小さなものやこわれやすいものをあつかう道具は、わざと力が小さく伝わるように工夫されています。

なぞ17 水中でくらす人間 74・75ページ

【74・75ページ】

①（例）理科室の後ろの扉

解説

74ページ1・2行目に「三人が理科室に着くと、～カードが後ろの扉にはさまっていました」とあります。問題文に「どの教室のどこに」とあることに注意してまとめましょう。

② 水…羊水
人間…胎児

解説

75ページ1・2行目のあかりの言葉に「水っていうのは、羊水のこと」とあり、5・6行目の大樹の言葉に「答えは『胎児』だったのか」とあることに注目しましょう。人間のほうは「赤ちゃん」（74ページ17行目）でも意味は通りますが、漢字二文字で答えなくてはなりません。

③ 保健室

解説

75ページ17・18行目の透の言葉に「①に『た』、②に『い』、③に『じ』を入れて暗号を解くと『体重計の下』だ。体重計ってことは、保健室だよね？」とあることに注目して考えましょう。

言葉の問題にチャレンジ！

Ⓐ ウ　Ⓑ イ　Ⓒ ア

言葉の学習

お話に出てきた言葉の意味を確かめましょう。

箸にも棒にも掛からない……あまりにひどくてどうにもならない。

適材適所……その人の性質や能力に合う地位や仕事をあたえること。

なぞ18 山びこのお告げ 76・77ページ

【76・77ページ】

① ア

解説

76ページ2・3行目に「先頭の大樹が保健室の扉を開けると、待ちかねたように保健室の先生が三人を手招きしました。」とあります。

② 反射

解説

77ページ7・8行目の透の言葉に「山に声が反射するから山びこなのに」とあります。大樹と透は、Aくんは進行方向へ向かってさけんでいるので、吊り橋をわたった先にある山に声が反射して、山びこが返ってくると考えたのです。

③（例）問題の難易度にばらつきがあるから。

解説

あかりの言葉に「私には、挑戦状を出したのが一人じゃない気がするな」（77ページ12・13行目）とあり、この直前にそう考えた理由である「問題の難易度に、ばらつきがあることは否めない」（12行目）とあることから考えましょう。

言葉の問題にチャレンジ！

Ⓐ ウ　Ⓑ ウ　Ⓒ ウ

言葉の学習

お話に出てきた言葉の意味を確かめましょう。

公平無私……かたよりがなく平等で、自分の意思を持ちこまないこと。

いとま……去るときのあいさつ。

科学の解説

ギターの弦をはじいたり、たいこの皮をたたいたりすると、振動して音の波が発生します。これが私たちの耳の中のこまくをふるわせることで、音が聞こえるのです。音の波が空気中を伝わる途中でものにぶつかると、はね返ります。この現象を音の反射といいます。山びこやこだまは、発した声が向かいにある山やがけへぶつかり、はね返ってきた音のことをいうのです。

なぞ19 ブランコ競争 78〜81ページ

【78・79ページ】

1 鉄棒…一番高い鉄棒
だれ…大樹

解説
78ページ2〜4行目に「『あったよ！』と声を上げたのは、大樹でした。一番高い鉄棒の支柱に二つ折りのカードが〜」とあることから考えましょう。

2 長さがちがうときだけ結果が変わる

解説
79ページ10〜15行目の大樹の言葉に「ふりこは、重さやふれはばがちがっても、往復にかかる時間は変わらないんだよね。〜つまり、長さがちがうときだけ結果が変わる」とあることに注目しましょう。「つまり」以降は、それまでの内容を言いかえたものです。

3 強調・不自然

解説
79ページ18〜21行目のあかりの言葉に注目して考えましょう。「わざわざカッコで囲って、ことさら強調しているのがあやしいと思わない？」「ちょっと不自然な文になっているんだよね」と言っています。

言葉の問題にチャレンジ！

Ⓐ ア
Ⓑ ウ
Ⓒ ア

言葉の学習
お話に出てきた言葉の意味を確かめましょう。
肩で風を切る……得意そうに歩く。
奥歯に物がはさまる……思ったことをそのまま言わずに、ぼやかしているような様子。

【80・81ページ】

4 ふりこ・抜ける

解説
80ページ3〜5行目のあかりの言葉に「試しに、『ふりこ』と同じ長さ、つまり三文字の言葉だけ残して読んでみて。それ以外の言葉は『抜ける』はずだから」とあることから考えましょう。

5 イ・エ

解説
80ページ14〜18行目と81ページ2〜7行目のあかりの言葉をよく読み、選択肢の内容と照らし合わせて考えましょう。

言葉の問題にチャレンジ！

Ⓓ ウ
Ⓔ イ
Ⓕ イ

解説
「快刀乱麻」は「複雑にからまり合った問題をあざやかに解決すること」、「付け焼き刃」は「その場しのぎで、知識や技術などを一時的に身につけること」、「芋づる式」は「複数のできごとが関連して続くこと」という意味です。

言葉の学習
お話に出てきた言葉の意味を確かめましょう。
腹を割る……本心をさらけだす。
うすうす……はっきりとではなく、おぼろげに。

なぞ20 うかび上がる文字 82〜85ページ

【82・83ページ】

1 レクリエーション・町田先生

解説
82ページ1・2行目に「五年二組の教室で、〜レクリエーション委員と町田先生でした」とあることから考えましょう。

2 (例)どういうふうになぞを解くのか見たいから。

解説
83ページ5行目の「最後はぼくらの目の前でなぞを解いてほしいんだ」は、レク委員の言葉です。その理由を説明した「どういうふうになぞを解くのか見たいんだ」(7行目)から考えましょう。

3 水

解説
83ページ19～21行目の内容をよく読んで考えましょう。「透が水そうに水を注いでいくと、～文字がうかび上がりました」とあります。

言葉の問題にチャレンジ!
Ⓐ ウ
Ⓑ イ
Ⓒ イ

言葉の学習
お話に出てきた言葉の意味を確かめましょう。
苦心……何かを成しとげようと、考えたり試したりして苦労すること。
なみなみ……液体が容器からあふれそうなほどいっぱいにくんである様子。

【84・85ページ】

4 オリエンテーリング・なぞ解き

解説
84ページ1～3行目の言葉に注目しましょう。「夏の林間学校のオリエンテーリングでなぞ解きを取り入れたいので、手助けしてください!」とあります。

5 (例)オリエンテーリングに参加する側がよかったから。

解説
84ページ12行目の―あの直前の透の言葉に注目しましょう。「準備する側になるとオリエンテーリングはできないってことだよね? ぼく、参加する側がいいんだけどな」(8～11行目)とあります。理由を表す「～から。」の形でまとめましょう。

6 難問

解説
85ページ17行目の町田先生の言葉に「清水たちに問題を作らせると難問になりそうだ」とあります。「参加者の過半数が解けるように、ちゃんと加減してくれよな」(18行目)と要望を出していることから、町田先生は難問にならないか心配していることが読み取れます。

言葉の問題にチャレンジ!
Ⓓ ウ
Ⓔ イ
Ⓕ イ

解説
「渋る」は「気が進まない様子を見せる」、「腹を決める」は「覚悟をする」、「手を抜く」は、「いい加減にする」という意味です。

言葉の学習
お話に出てきた言葉の意味を確かめましょう。
にっちもさっちもいかない……行きづまって、どうにも身動きがとれない。
要望……あるものごとが実現するよう、強く求めること。

科学の解説
光は通常まっすぐに進みますが、空気中から水中へ向かうなど、異なる物質との境目を通るときは、そこで曲がります。これを光の屈折といいます。物語に出てきた高吸水性ポリマーは丸い粒状のもので、光がこれに当たると境目のところでいちいち屈折します。大量に高吸水性ポリマーがあったために、向こう側が見えなかったのです。しかし、高吸水性ポリマーは水を取りこむとほぼ水と同じになるため、境目がなくなり、向こう側が見えるようになりました。

もっと理解を深めよう

なぞ17 人の誕生

74・75ページ

女性の体の中にある**卵巣**という場所では、赤ちゃんのもとになる**卵**（**卵子**）というものがつくられています。一方、男性の体の中の精巣という場所では、やはり赤ちゃんのもととなる**精子**がつくられています。

この卵と精子が合体（**受精**）すると**受精卵**となり、母親の体の中にある**子宮**というふくろの中で、成長を始めます。

子宮の中の赤ちゃんは、**胎児**と呼ばれ、子宮の中を満たす**羊水**にうかんでいます。胎児は、**たいばん**と**へそのお**という部分を通じて母親とつながり、栄養分や酸素などを母親からもらって育っていきます。

そして、受精から約三十八週間後、体重が約三千グラムになったころに、赤ちゃんとして生まれてきます。

子宮の中での胎児の様子

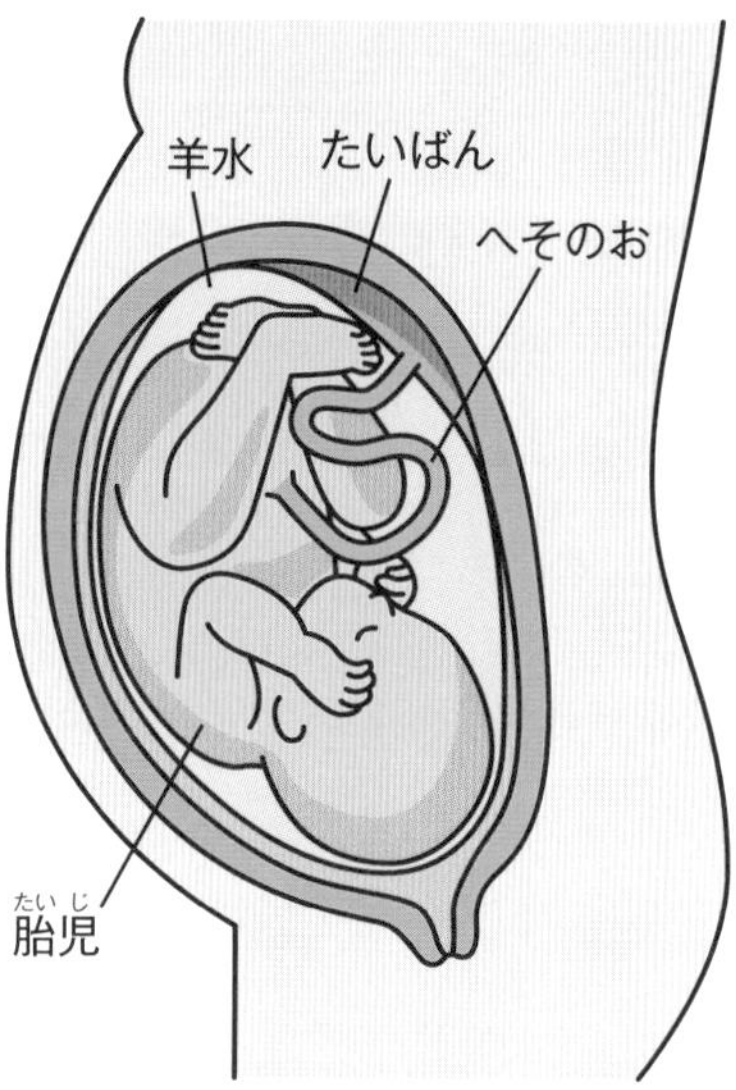

なぞ19 ふりこ

78〜81ページ

ひもなどの先におもりがついていて、ゆらゆらとゆれるものを**ふりこ**といいます。

ふりこには、ふりこの長さによってゆれる速さ（一往復する時間）が変わるという性質があります。ふりこの長さを長くするほど、一往復する時間は長くなるのです。一方、ふりこは、ふれはばや、おもりの重さを変えても、一往復する時間は変わりません。

ふりこの性質は、五円玉に糸を結びつけて作ったふりこで、確かめることができます。糸の長さを変えたり、五円玉の数（おもりの重さ）を変えたりして一往復する時間を調べます。そのとき、調べたいことは一つにしぼって、それ以外の条件をそろえましょう。たとえば、「ふりこの長さによって、ふりこの一往復する時間が変わるかどうか」知りたいとき、おもりの重さやふれはばは変えてはいけません。一往復する時間が変わったとき、何を変えたことで変化したのか、わからないからです。

ふりこ

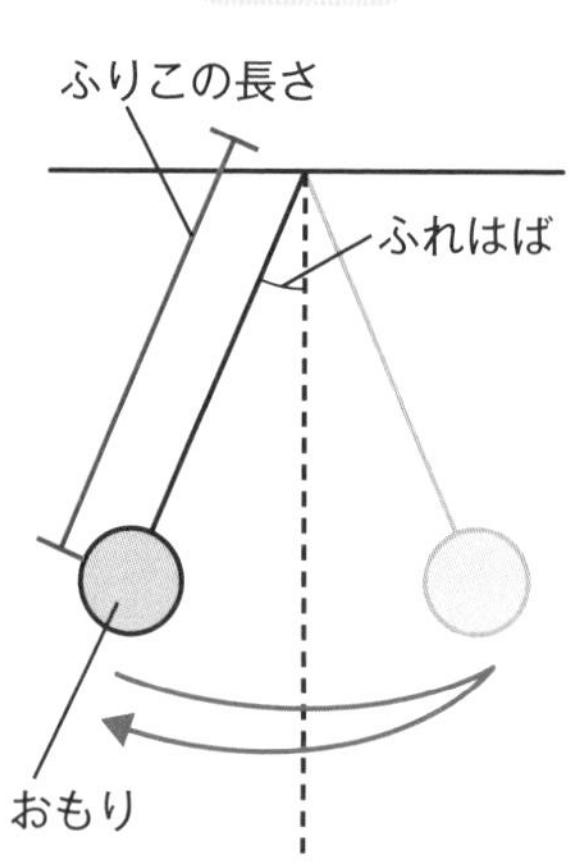

おさらい！科学クイズ

ふりこの一往復する時間を長くするには、どうすればいいでしょうか？

1 **ふれはばを大きくする。**
2 **おもりを重くする。**
3 **ふりこを長くする。**

⬅答えは112ページ

68ページの答え 1

流れる水が土や石などをけずるはたらきを、「しん食」といいます。

5章

なぞ解きの出題者は大いそがし

挑戦状の差出人にたどり着いた
なぞ解きトリオは、
林間学校のオリエンテーリングの
なぞ解きの問題を作ることになりました。
準備は万端、いよいよ林間学校です。
三人はどんななぞを用意したのでしょうか。
また、参加者に楽しんでもらって、
無事に成功できるでしょうか。

なぞ
21 犬とイノシシの間はサイコーだ!?

学習日 ／

夏休みに入り、五年生**待望**の林間学校の日になりました。滞在先の高原に着いてお昼ご飯を食べたあとに、オリエンテーリングです。

レクリエーション委員の六人、なぞ解きトリオの三人、町田先生は、みんなより一時間早くお昼ご飯を食べて準備することになっています。

今回のオリエンテーリングでは、スタートとゴールの間に、四つのチェックポイントを設けました。レク委員のうち五人と町田先生が三ペアに分かれ、スタートからゴールまで二か所ずつ担当することになっています。レク委員長の風間桃香とあかり、大樹と透の二ペアは、人手が必要なスタート地点や、人手が足りないチェックポイントなど、その都度Ⓐ**要所**をフォローする体制です。

開始時刻が近づき、スタート地点に五年生が集合しました。さっそく、一組のレク委員の設楽駆が、拡声器を使ってルールを**周知**します。

「みなさん、こんにちは！　オリエンテーリングを始める前に、ルールを説明します。先ほど、チームリーダーに地図、方位磁針とヒントカードを配りました。その地図を見てもらうと、いくつか印があります。三角印がスタート、二重丸がゴールで、丸がチェックポイントです。通常は、スタートからゴールまでのタイムの短さを競います。でも、今回はチェッ

1 あかりと透は、それぞれだれとペアになりましたか。合うものを選んで線でつなぎましょう。

あかり •　　　• 大樹

透 •　　　• 町田先生

　　　• 桃香

2 チェックポイントはいくつありますか。文章中から探して書きましょう。

□つ

3 なぞ解きのルールについて合うものを選んで記号に○をつけましょう。

ア 必ず挑戦しなくてはいけない。

イ 正解するとタイムが引かれる。

ウ 正解するとタイムが増える。

クポイントではなぞ解きに挑戦できます。正解すると難易度によってタイムを引くことができる一方、まちがえるとタイムが加算されてしまいます。

また、『ヒントカード』を使うと、一度だけなぞ解きについての Ⓑ**助言**をもらえます。なぞ解きは問題を見る前なら挑戦せずに進むこともできますが、全問正解するとタイムをかなり引けるので、できるだけ挑戦したほうが有利です。

では、地図の見方、方位磁針の使い方をチェックするために、なぞ解きの練習問題を出します。こういうのは、Ⓒ**習うより慣れよ**です。答えがわかったチームから、レク委員に答えを言ってください。正解した時刻からオリエンテーリングスタートです！」

そこで、大樹と透はなぞ解きの練習問題が書かれたパネルを高くかかげました。そこにはただ、

「犬とイノシシの間を進めばサイコーだ。」

とだけ書かれています。説明の間、こっそり磁石で砂鉄を集めている子たちがいるのを見て、大樹は「もう始まってるよ！」と声をかけました。

「わっ、やばい！」

言葉の問題にチャレンジ！

次の言葉の意味に合うものを選び、記号に○をつけましょう。

Ⓐ **要所**
- ア 問題が起こる場所。
- イ 中心となる場所。
- ウ 重要な場所。

Ⓑ **助言**
- ア 助けとなる言葉。
- イ 手伝ってくれる人。
- ウ 正解が書かれた資料。

Ⓒ **習うより慣れよ**
- ア 経験前に教えてもらうと身につく。
- イ 教えられるよりも経験したほうが身につく。
- ウ 何度も教えてもらうと身につく。

答えは108ページ

声をかけられた子たちは、あわてて自分のチームに戻っていきます。透がおどるスライムを作ってみせたときから、ブームが起きていましたが、「林間学校でも砂鉄を集めるんだ。」と、透はおどろきました。

ほとんどのチームは、地図と方位磁針を見ながらⒹ**和気藹々**となぞの意味を考えています。しばらくすると、正解を出すチームがちらほらと出始めました。残っているチームからは、

「よくわからないから、**行き当たりばったり**でいいよ。」

「そうそう、Ⓔ**山を掛けて**適当な方向に進んじゃえ。」

といった声も聞こえ、大樹は正解しないとスタートできないことをあわてて教えようとしました。けれど、口を出す前に、

「だめだよ。正解しないとスタートできないって言われたじゃない！」

と、先にチームメイトが注意しているのを聞いて、ほっとしました。

一方、透は二組のMチームのリーダーから「(あ)<u>方位磁針がこわれている。</u>」と、相談されました。リーダーが地図を広げていて、別の男の子が方位磁針を持っていますが、方位磁針の向きを変えると針の指す向きも変わってしまうようです。ところが、方位磁針を調べようと透が受け取って手のひらに乗せると、常に同じ向きを指して止まりました。方位磁針を持っていた子を見ると、磁石で砂鉄を集めていた子の一人です。

「方位磁針に磁石を近づけていたら、その磁石に影響されちゃうよ。砂鉄を集めるのに使っていた磁石は別の場所にしまったら。」

「ごめん。ぼく、磁石を持っていたんだった！」

4 ―(あ) 実際のところはどうでしたか。□に当てはまる言葉を文章中から探して書きましょう。

□を持っていた子が首にかけていた□磁石に影響されていた。

5 方位磁石には、数字の他に何が書かれていましたか。文章中から探して七文字で書きましょう。

□□□□□□□

6 (5)は何を表していましたか。文章中から探して二文字で書きましょう。

□□

その子はあわてて首からぶらさげていたU字磁石を服の下から引っ張り出して、ズボンのポケットにしまいました。針のゆれが止まったところで、改めて方位磁針に**着目**し、はっとした顔になりました。

「この方位磁針、数字の他に見慣れない漢字が書いてある。見て！」

急いでチームのみんなに方位磁針を見せます。

「ここの『戌』と『亥』って干支の犬とイノシシのことだよね！」

リーダーが興奮気味に言いました。すると、チームの女子の一人が、また別のことに気づきました。

「方位磁針の『戌』と『亥』の間は北西で三一五度。『サイコー』って読めるよ！　つまり、なぞの答えは北西に進めってことだよ！」

「正解！」

透にスタート地点のスタンプを押してもらうと、Mチームはすっかりやる気になって出発していきました。他のチームも Ⓕ**三々五々**出発していきました。

「大勢いると、出発するだけでも大変だね！」

全チームが正しい方向に出発したのを見届けると、大樹と透はほっとしました。

言葉の問題にチャレンジ！

次の言葉を正しい意味で使っている文を選び、記号に○をつけましょう。

Ⓓ 和気藹々
- ア　和気藹々として口論になる。
- イ　和気藹々とした集まり。
- ウ　和気藹々としたいらだちがある。

Ⓔ 山を掛ける
- ア　テスト問題に山を掛ける。
- イ　晴天の下、山を掛ける。
- ウ　山を掛けた活躍ぶり。

Ⓕ 三々五々
- ア　三々五々のリズムで応援する。
- イ　子どもが三々五々帰っていく。
- ウ　全体が三々五々にまとまる。

← 答えは108・109ページ

仲間（なかま）はずれをゲットせよ！

一つ目のチェックポイントで、一組のレク委員の坂上（さかがみ）夕夏（ゆうか）が、各チームの待ち時間を少なくするため二ペアで対応するとあかりに告げて間もなく、次々にチームがやってきました。あかりと桃香（もも）のところに最初にやってきたのは、Sチームです。セミの抜（ぬ）けがらを持っている子がいます。

桃香がチェックポイントのスタンプをマップの裏（うら）に押（お）し、なぞ解（と）きに挑戦（ちょうせん）するか聞くと、リーダーの女子が「もちろん！」と答えました。そこで、あかりが問題文の書かれた画用紙を差（さ）し出しました。

急（いそ）がば回（まわ）れ。

①②③にならない仲間（なかま）はずれを「ゲット」せよ。

一種類（しゅるい）ごとにゴールタイムからマイナス十五分。まちがえれば一種類（しゅるい）ごとにプラス五分だ。

画用紙には、問題文と①②③の数字と黒塗（くろぬ）りのマスが九か所入った五行×十一列の表と、チョウ、カブトムシ、テントウムシ、カマキリ、バッタ、クワガタム

15

10

5

学習日

／

① 不完全変態（ふかんぜんへんたい）の特徴（とくちょう）について、□に当てはまる言葉を文章中から探（さが）して書きましょう。

　になられない。

② 不完全変態（ふかんぜんへんたい）の虫にはどんなものがいますか。文章中から三つ探（さが）して書きましょう。

③ ──あ この予想について、実際（じっさい）はどうでしたか。文章中の言葉を使って書きましょう。

──い 探（さが）すのにかけた時間…

シの絵がかかれています。

マス目を数えていた女子が「これ、五十音表みたい。」とつぶやきました。

「ほんとだ。①②③は『さなぎ』になるよ。つまり、さなぎにならない虫が仲間はずれだね。どれだろう？　複数いるのかな？」

リーダーの女子があかりの顔を見て、**あわよくば腹を読もう**とします。

「さあ、どうでしょう。がんばってください。」

あかりがⒷ**お茶をにごす**と、リーダーはⒸ**肩を落とし**ましたが、セミの抜けがらを持っていた男子が「ぼくに任せて！」と前に出ました。

「セミの抜けがらって、さなぎのからじゃないんだ。不完全変態っていって、この形の幼虫が脱皮をすると、セミの成虫になるわけ。この六種類の中だと、カマキリとバッタがさなぎにならない不完全変態で、他はさなぎになる完全変態の虫なんだ。カマキリもバッタも、そこらにいたよ。」

「じゃあ、カマキリとバッタをつかまえよう。『ゲット』ってそういう意味でしょ。『急がば回れ』って問題文に書いてあったように、(あ)探すのにかける時間よりマイナスされる時間のほうが大きいと思うの。」

リーダーが即決すると、抜けがらを持っていた男子が、がぜん張りきりだしました。どうやら昆虫にかなりくわしいようです。十分ほどでカマキリとバッタを両方つかまえてきました。

「おめでとうございます、カマキリとバッタ両方正解です！」

Ｓチームは桃香から「マイナス三十分」のカードをもらい、地図と方位磁針で次の方向を調べると、意気揚々と次のポイントに向かいました。

マイナスされた時間…［　　　　］

言葉の問題にチャレンジ！

次の言葉の意味に合うものを選び、記号に○をつけましょう。

Ⓐ **急がば回れ**
- ア　確実な方法を選ぶほうが早い。
- イ　危険な近道を進むほうが早い。
- ウ　とにかく急げば早く着く。

Ⓑ **お茶をにごす**
- ア　時間をかける。
- イ　その場をごまかす。
- ウ　関係ないことを言う。

Ⓒ **肩を落とす**
- ア　リラックスする。
- イ　がっかりする。
- ウ　姿勢を正す。

←答えは109ページ

なぞ23

獅子がかける空のなぞ

　スタート地点にだれもいなくなったので、後片づけは駆と町田先生に任せ、大樹と透は、二つ目のチェックポイントに先回りすることになりました。太陽がまだ高く、一番暑い時間帯です。汗だくで二つ目のチェックポイントに着くと、男子のレク委員が二人、木かげで待っていました。

「まだ、どのチームも到着していないから、休けいしてね。」

　三組のレク委員の山田歩が**労り**ます。大樹と透が水筒の麦茶を飲んで一息つくと、Lチームがやってきました。歩がチェックポイントのスタンプをマップの裏に押しながら、一番乗りであることを伝えると、チームのみんなが飛び上がって喜びました。リーダーの男子が、

「ぼくたち、虫をつかまえるの早かったしね。早く、次のなぞ出して。」

とせかしたので、大樹は問題文の書かれた画用紙を差し出しました。

　東に姿を現した獅子が、空にかけ上がり南で高さを誇るのは何時間後か。正解するとマイナス十分。まちがえればプラス二十分だ。

（あ）大樹が読み終わると、チームにⒶ**動揺**が走りました。

「これ、絶対に正解しないといけない問題だね。獅子ってライオンだろ。リーダー、空にかけ上がるってどういう意味だと思う？」

「空に上がるなら、星座じゃないか？　しし座ってあるよね？」

学習日　／

1. ——（あ）このように言うのは、画用紙になんと書かれていたからですか。文章中から探して書きましょう。

2. 次の内容について、なぞ解きの問題文ではなんと言い表していましたか。文章中から探して書きましょう。
   - 地平線からのぼるしし座…
   - しし座が南中すること…

3. 星座は六時間で何度動きますか。文章中から探して書きましょう。

　　　度

「あ、私、プラネタリウムで見たことある。地平線からのぼる様子は、たしかに空にかけ上がっていく感じのポーズだったよ。」

女子の一人が思い出したように言うと、リーダーがⒷ**一心不乱**に計算を始めました。

「南で高さを誇るっていうのは、南中する時刻のことだと思う。つまり、九十度動くのは何時間後かを答えればいいんだよ。地球の自転周期は約二十四時間。二十四時間で三六〇度回転するから、一時間あたり十五度動く。九十度動くには、十五で割って六。答えは『六時間後』だ！」

「おめでとう、正解です！」

今度は、透が「マイナス十分」のカードをリーダーにわたしました。

リーダーはすばやく地図と方位磁針をチェックしました。そして、「次のポイントはこっちだ！」とⒸ**躊躇**なくびしっと指で指し示すと、Lチームを導いていきました。

「あっという間に計算してたし、方向を見るのも速くて**非の打ちどころがない**リーダーシップだったね。」

大樹が感心して言うと、他の三人も大きくうなずきました。

言葉の問題にチャレンジ！

次の言葉の意味に合うものを選び、記号に○をつけましょう。

Ⓐ **動揺**
- ア みんなが団結する。
- イ 気持ちがゆれ動く。
- ウ わくわくする。

Ⓑ **一心不乱**
- ア 一度に多くのことをする。
- イ 心によゆうが生まれる。
- ウ 一つのことに集中する。

Ⓒ **躊躇**
- ア 人の意見を聞くこと。
- イ 考えに自信を持つこと。
- ウ 迷ってためらうこと。

答えは109・110ページ

なぞ24 オリエンテーリングはどっきどき!?

学習日　／

三つ目のチェックポイントに、あかりと桃香が移動してきました。上りの道を急いで歩いたので息が切れ、心臓がばくばくしています。でも、㋐二人を見たレク委員の駆は、ほっとした顔になりました。

「ああ、助かった！　すごく好調のチームがあるらしくて、町田先生が早めにゴールで準備することになったんだ。ぼくが一人でいるときに、何チームも来たらどうしようかと思った。」

「へぇ！　予想よりだいぶ早いチームがいるんだね。」

あかりが感心していると、Aチームが先頭でやってきました。一番乗りだと伝えると、チームのみんなが飛び上がって喜びました。

「これで優勝まちがいなしだ！　このまま一気に行くぞ！」

男子のリーダーがこぶしを高くつき上げると、みんな**有頂天**で「おーっ！」と応えました。そのまま行こうとしたので、駆があわてて

1 ―㋐駆がほっとしたのはどうしてですか。□に当てはまる言葉を文章中から探して書きましょう。

［　　］がゴールへ向かい、［　　］で待機していたから。

2 AチームとHチームはそれぞれどんなことをしましたか。記号を書いて答えましょう。

㋐ ゴールの準備をすることになった。
㋑ 最初に三つ目のチェックポイントに着いた。
㋒ なぞ解きに挑戦した。
㋓ 体力を生かした作戦を実行した。
㋔ へとへとな様子でチェックポイントに着いた。

Aチーム…［　　］

「なぞ解きには挑戦しないの？」

と、たずねました。すると、リーダーは**高をくくった**態度で「ふん！」とⒶ**鼻で笑いました。**

「Aチームは体力がじまんなんだ。オレたちはなぞ解きを全部パスして、とにかく早くゴールする作戦さ。ここも、パスするよ。」

なぞ解きをⒷ**回避**したAチームは、地図と方位磁針を確認するとさっさと次のチェックポイントを目指して行ってしまいました。

あかりと桃香が顔を見合わせて、肩をすくめました。

「Ⓒ**独立独歩**のチームだったね。この選択が**明暗**を分けたりするかな？」

数分おくれでやってきたHチームは、見るからにへとへとでした。

「Aチームと競争をしていたんだけど、もう追いつけそうにないか〜。」

男子のリーダーはそう言うと、ぺたりと座りこみました。

あかりが「なぞ解きにチャレンジする？」とたずねると、リーダーがうなずいたので、桃香が問題文の書かれた画用紙を差し出しました。

休けいタイムだ！　上り坂を急いだ君たちに酸素や栄養を余計に運んだ「ポンプを休ませて」暗号文を解け。正解ならタイムをマイナス十五分、はずれたらタイムはプラス十分だ。

暗号文：しんいきをはききってぞうからはいしんいっしんしんぱいにしんいきをぞうすいこむぞ。うごしんかいぞうくしんぞうりかえす。

リーダーが画用紙を受け取って読み上げると、男子メンバーの一人がおかしそうにプッと吹き出しました。

Hチーム…

言葉の問題にチャレンジ！

次の言葉の意味に合うものを選び、記号に○をつけましょう。

Ⓐ 鼻で笑う

ア おかしさにたえかねて笑う。

イ 相手を見下すように笑う。

ウ 相手につられて笑う。

Ⓑ 回避

ア 遠慮すること。

イ あとに回すこと。

ウ さけること。

Ⓒ 独立独歩

ア 他人にたよらず行動すること。

イ 一人一人が優秀であること。

ウ 代表者がずば抜けて優秀なこと。

答えは110ページ

「何、この暗号文。神域をはききってゾウから配信？」

Ⓓ「**率直**に言って、私は『ポンプを休ませて』が強調されているのが気になるんだけど。きっと、この意味がわからないと、暗号が解けないんだよ。上り坂を急いだ君たちって、私たちのことでしょ？　酸素や栄養を余計に運んだポンプは……心臓のことじゃない？　心臓がどきどきすることで、酸素や栄養を運ぶ血液を体中に送っているから。」

　笑わずに読んでいた女子が言うと、みんな真剣な顔になりました。

「そうかもしれない。でも、心臓を休ませるって、休けいをしろっていう意味じゃないよね？」

「うーん、それなら、『し、ん、ぞ、う』の四文字を読まずに休ませて、他の文字だけ読んでみたらどうなる？」

　リーダーの問いに、さっき笑った男子が「オレが読む！」と意気ごみました。

「ええと……いきをはききって、からはい、いっ……ぱいに、いきを、すいこむ、ご、かい、く、りかえす。うん？『息を吐ききってから肺いっぱいに息を吸いこむ。五回くり返す。』だ！」

「深呼吸を五回しろってこと？　文字の心臓を休ませるだけじゃなくて、本当に心臓を休ませろってことか。坂道を登ってきたから。」

　リーダーはそう言ってにっと笑いました。それから、「せーの」と号令をかけると、チーム全員で深呼吸を五回くり返しました。

「はい、正解です！」

3 「ポンプ」は何を表していましたか。文章中から探して漢字二文字で書きましょう。

［　　］

4 ーⓘどんなメリットがありましたか。□に当てはまる言葉を文章中から探して書きましょう。

［　　　　］ができたことと、タイムの差をくつがえすことができる［　　　　］のカードをもらえたこと。

5 お話の内容に合うものはどれですか。選んで記号に○をつけましょう。

ア　Hチームは全員で深呼吸した。
イ　Hチームは十五分でなぞを解いた。
ウ　Hチームは優勝をあきらめた。

桃香が「マイナス十五分」のカードを、リーダーにわたしました。

「休けいができたうえに、なぞ解きにかかった時間よりマイナスになる時間のほうが多いし、Ⓔ**メリット**しかなかったな！」

リーダーがうれしそうに言い、あかりたちに質問をしました。

「先頭のチームとの到着時間の差は何分ぐらいかわかる？」

「どうだろう？　三、四分ぐらいだと思うよ。」

あかりが答えると、リーダーは「よしっ！」と、右手をぐっとにぎりました。Ⓕ**虎視眈眈**と優勝をねらう目に変わっています。

「ここで休けいできたし、また**心機一転**ゴールまでがんばろう！　こっちはなぞ解きに数分使ったから、先頭のチームとは多分十分弱の差だ。でも、向こうは休けいせずにつかれている。そして、こっちにはマイナス十五分のカードが余計にある。優勝するのはぼくたちだ！」

リーダーが**発破をかける**と、みんな「おーっ！」と力強く応えて、元気に次のチェックポイントに向かっていきました。

「今のHチームのリーダー、メンバーを乗せるのがうまかったね！」

駆の感心した様子に、あかりと桃香も心から同意しました。

言葉の問題にチャレンジ！

次の言葉を正しい意味で使っている文を選び、記号に○をつけましょう。

Ⓓ 率直
- ㋐ 率直して家事を手伝う。
- ㋑ 率直に切り立つがけ。
- ㋒ 率直な意見を求める。

Ⓔ メリット
- ㋐ メリットが多いので引き受けない。
- ㋑ なんのメリットもないのは困る。
- ㋒ メリットな音質のスピーカー。

Ⓕ 虎視眈眈
- ㋐ 虎視眈眈とトップの座をねらう。
- ㋑ 赤ちゃんが虎視眈眈とねむる。
- ㋒ 兄は虎視眈眈とした性格だ。

← 答えは110ページ

なぞ 25

なぞの生き物の正体を暴け！

最後のチェックポイントで準備をしていたレク委員の夕夏が、合流してきた大樹、透に気づいて手をふりました。

「今日は暑いけど、いい天気でよかったね。すずしい風も吹いてきたし。」

青い空を**あおぎ**見ると、夏らしいもくもくとした積乱雲がうかんでいます。ⓐ大樹は少し心配そうな顔をしました。

「いや、ちょっとⒶ**雲行きがあやしい**よ。すずしい風は、あの積乱雲が近づいてきたからかも。Ⓑ**局地的**な雨が降らないといいね。」

大樹がそうつぶやいたとき、Aチームが最初にやってきました。夕夏がスタンプを押すと、男子のリーダーは聞かれないうちから「ぐずぐずしてたら追いつかれる。なぞ解きはパス！」と言うと、地図と方位磁針でゴールの方向を確認し、急いで行ってしまいました。

Aチームの背中がだいぶ遠ざかったころ、二番手のVチームが坂道を登ってきて、大樹と透が対応しました。Vチームの女子リーダーが「な

学習日
／

1 ―ⓐ大樹は何を心配しているのですか。□に当てはまる言葉を文章中から探して書きましょう。

□が近づいてきて、□が降ること。

2 Vチームがヒントカードを使ったのはここがどこだからですか。文章中から探して十一文字で書きましょう。

□□□□□□□□□□□だから。

3 ―ⓘ大樹がこう言ったのはなぜですか。文章中の言葉を使って書きましょう。

ぞ解きします！」と言ったので、大樹は急いで問題文を手わたしました。

暗号を解き、生き物の正体を暴け。正解ならタイムからマイナス十分、はずれたらタイムはプラス十分になる。

暗号文：しらすは上々、いわしは上、ひつじは中、にゅうどうは下。群れが大きくなって下がってきたら下り坂。すべての正体は同じ。

問題文を読んで、女子の一人が首をかしげました。

「しらす、いわしは魚でしょ。羊は動物。で、にゅうどうって何？　それがみんな同じなの？　あと、上とか下の意味はわかる？　私には**皆目**わからないんだけど。」

「にゅうどうってどこかで聞いたことがあるんだ。どこだっけなあ。」

最後のチェックポイントだけに、二番手のチームは早くなぞを解こうと©**無我夢中**です。

「ねぇリーダー、ここで最後なんだし、さっさとヒントカード使おうよ。使わないともったいないよ。」

男子メンバーに言われ、リーダーは「忘れてた！」とヒントカードをポケットから取り出しました。

「これを、使います。ヒントをください。」

「はい、これがヒントです。(い)<u>大声で読まないでください。</u>」

大樹が後ろから来るチームを見ながら、ヒントカードをわたしました。

その正体は、八本足の音と同じ。

ヒントの内容を見て、リーダーはますます顔をくもらせました。

言葉の問題にチャレンジ！

次の言葉の意味に合うものを選び、記号に○をつけましょう。

Ⓐ **雲行きがあやしい**
- ア 雨がやみそうな状況。
- イ 雷が鳴り始めた状況。
- ウ 天気が悪くなりそうな状況。

Ⓑ **局地的**
- ア 広い地域へおよぶ様子。
- イ 地域が限られている様子。
- ウ 全国的な広がりを見せる様子。

Ⓒ **無我夢中**
- ア 何もかもどうでもよくなること。
- イ みんなで協力し合うこと。
- ウ 心をうばわれ、我を忘れること。

←答えは111ページ

「これだけ？　八本足の音って何？　タコ？　クモ？　音なんか出す？」

「リーダー、クモだよ！　雲の同音異義語でしょ。思い出した！　にゅうどうって入道雲だよ。夏に出るすっごくもくもくした……ほら、あれ！」

　男子メンバーが、興奮した様子で空の積乱雲を指さしました。

「あ、私もいわし雲とかひつじ雲は聞いたことがある。いわし雲は空の高いところにあるんだよ。」

「あ、そうか。しらす雲は空のうんと高いところ、いわし雲は空の高いところ、ひつじ雲は中くらいの高さ、入道雲は空の低いところに出るっていう意味だ。群れが大きくなって下がってきたら下り坂っていうのは、雲が集まって低い場所に来たら天気が下り坂ってことだね！」

　リーダーが言うと、透が口の端を上げて
「正解！　ちなみに、入道はお坊さんのことだよ。そこから転じて坊主頭の人も入道って言うし、坊主頭の妖怪も指したりするよ。」

と、小声で言いながら「マイナス十分」のカードを手わたしました。

「ありがとう！　ゴールまでラストスパートだよ！」

　その後もⒹ**ひっきりなし**にチームがやってきたので、大樹たちは休む間もなく対応に追われました。ほとんどのチームがなぞ解きにチャレンジし、正解してゴールへ向かいました。

　大樹たち四人が最後のチームを見送り、片づけを終えてゴールへ向かうと、ちょうど表彰式が始まるところでした。みんな笑顔でⒺ**くつろいだ**様子です。大樹と透は、あかりと合流しました。

4 「入道」にはどんな意味がありますか。文章中から三つ探して書きましょう。

5 Aチームが最初にゴールしたのに六位だったのはなぜですか。文章中の言葉を使って、理由を書きましょう。

6 なぞ解きオリエンテーリングの結果はどうでしたか。それがわかる言葉を文章中から探し、漢字三文字で書きましょう。

レク委員長の桃香が優勝はVチームと発表すると、「やった！」という声と拍手が起きました。メダルを授与され、リーダーは満面の笑みです。

「なぞ解きがあったおかげで、最後まで優勝がどこかわからなくてどきどきしました。レク委員のみなさん、ありがとう！　面白かったです。」

Vチームはなぞ解きのタイムボーナスをすべてゲットしての勝利でした。Aチームは最初にゴールしたものの、なぞ解きをしなかったので他のチームにも逆転されてしまい、六位だったようです。

「発表された順位に、みんな一喜一憂しているよ。盛り上がったね。」

町田先生は少しつかれた様子ですが、表情は満足気です。

表彰式が終わると、大樹の心配が的中し、ゴロゴロと雷の音が聞こえてきましたが、雨が降りだす前にみんな無事に宿舎へ戻れました。

Ⓕ「**手前みそ**だけど、なぞ解きトリオの協力で**念入り**に準備できたし、なぞ解きオリエンテーリングは大成功だったよね！」

「**リタイア**も出なかったしね。なぞ解きトリオ、ありがとう！」

桃香と駆がうれしそうに言うのを聞いて、大樹、あかり、透の三人も、手伝ってよかったと心から思いました。

言葉の問題にチャレンジ！

次の言葉を正しい意味で使っている文を選び、記号に○をつけましょう。

Ⓓ ひっきりなし

- ㋐ ひっきりなしで友だちがいない。
- ㋑ ひっきりなしにさそわれる。
- ㋒ 連絡してもひっきりなしだ。

Ⓔ くつろぐ

- ㋐ 緊張のあまりくつろぐ。
- ㋑ 部屋着を着てくつろぐ。
- ㋒ あやしい物音にくつろぐ。

Ⓕ 手前みそ

- ㋐ 大失敗してしまい、手前みそだ。
- ㋑ 手前みそだが大人気だった。
- ㋒ 手前みそがくさる。

← 答えは111ページ

答えと解説

なぞ21 犬とイノシシの間はサイコーだ!? 92～95ページ

【92・93ページ】

① あかり――桃香
透――大樹

解説 92ページ8行目に「レク委員長の風間桃香とあかり、大樹と透の二ペア」とあることから考えましょう。

② 四(つ)

解説 92ページ5・6行目に「スタートとゴールの間に、四つのチェックポイントを設けました」とあります。

③ イ

解説 93ページ2～5行目の駆の言葉に「正解するとタイムを引くことができる一方、まちがえるとタイムが加算」とあることから考えましょう。「通常は、～タイムの短さを競」(92ページ16・17行目)うもので、タイムは引かれるほうがいいのです。

言葉の問題にチャレンジ!

Ⓐ ウ
Ⓑ ア
Ⓒ イ

言葉の学習 お話に出てきた言葉の意味を確かめましょう。

待望……待ち望むこと。
周知……広く知れわたること。広く知らせること。

【94・95ページ】

④ 方位磁針・U字

解説 94ページ19行目の透の言葉に「方位磁針に磁石を近づけていたら、その磁石に影響されちゃうよ」とあります。また、95ページ1・2行目に「その子はあわてて首からぶらさげていたU字磁石を～」とあることから考えましょう。

⑤ 見慣れない漢字

解説 95ページ4行目に「この方位磁針、数字の他に見慣れない漢字が書いてある」とあります。文字数の指定があるので、「見慣れない漢字」と答えましょう。

⑥ 干支

解説 95ページ6行目に「ここの『戌』と『亥』って干支の犬とイノシシのことだよね」とあります。「ここの『戌』と『亥』」は、4行目の「見慣れない漢字」のうち暗号に関係する部分を示しています。

言葉の問題にチャレンジ!

Ⓓ イ
Ⓔ ア
Ⓕ イ

解説 「和気藹々」は「なごやかで楽しそうな様子」、「山を掛ける」は「運がいいことをねらい、予想して準備する」、「三々五々」は「少人数のまとまりとなって、それぞれがばらばらに行動する」という意味です。

言葉の学習 お話に出てきた言葉の意味を確かめましょう。

行き当たりばったり……無計画でなりゆきに任せること。
着目……注意してよく見ること。

科学の解説

方位磁針のN極は、北を指して止まります。これは、地球自体が大きな磁石になっていて、北極の近くにある地球のS極が、方位磁針のN極を引きつけているために起こる現象です。この仕組み上、方位磁針に磁石を近づけると、影響を受け、正しく北を指さなくなってしまいます。くるってしまうこともあるので、磁石を近づけないようにしましょう。

なぞ22 仲間はずれをゲットせよ！ 96・97ページ

【96・97ページ】

① さなぎ

解説

97ページ9・10行目に注目しましょう。「セミのぬけがらって、さなぎのからじゃないんだ。不完全変態っていって、この形の幼虫が脱皮をすると、セミの成虫になるわけ」とあります。

② セミ・カマキリ・バッタ

※順不同

解説

97ページ10・11行目に「この六種類の中だと、カマキリとバッタがさなぎにならない不完全変態」とあります。また、問題文に「文章中から三つ探して」とあるので、セミも入ることに注意しましょう。

③ 探すのにかけた時間…十分ほど
マイナスされた時間…三十分

解説

97ページ17・18行目に「十分ほどでカマキリとバッタを両方つかまえてきました」とあり、さらに「Sチームは桃香から『マイナス三十分』のカードをもらい」(20行目)とあることから考えましょう。

言葉の問題にチャレンジ！

Ⓐ ア
Ⓑ イ
Ⓒ イ

言葉の学習

お話に出てきた言葉の意味を確かめましょう。

あわよくば……機会にめぐまれれば。
腹を読む……相手の考えを推測する。

なぞ23 獅子がかける空のなぞ 98・99ページ

【98・99ページ】

① まちがえればプラス二十分（だ。）

解説

――あの言葉は、98ページ13行目の「正解するとマイナス十分。まちがえればプラス二十分だ」を聞いて発せられたものです。まちがえて二十分もプラスされるのは大きな痛手だと考えたのです。

② ・地平線からのぼるしし座
…東に姿を現した獅子
・しし座が南中すること
…南で高さを誇る

解説

99ページ2～4行目に「地平線からのぼる様子は、たしかに空にかけ上がっていく感じ」とあり、これはなぞ解きの問題の「東に姿を現した獅子が、空にかけ上がり」(98ページ12行目)の部分のことです。また、99ページ8・9行目に「南で～、南中する時刻のこと」とあります。

③ 九十（度）

解説

99ページ12・13行目に「一時間あたり十五度動く。九十度動くには、十五で割って六。答えは『六時間後』だ」とあります。

言葉の問題にチャレンジ！

Ⓐ イ
Ⓑ ウ
Ⓒ ウ

言葉の学習

お話に出てきた言葉の意味を確かめましょう。

労る……相手に気を配って、大切に世話をする。
非の打ちどころがない……少しも非難する点がないこと。

科学の解説

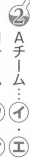

星座とは、夜空にたくさんある星のうち、いくつかを結びつけ、人や動物、道具など、さまざまなものに見立てて名前をつけたものです。星座は形をくずすことはなく、まったく同じ配置のまま夜空を動いていきます。南の空を見ると、星座は東から西へ向かって動いていきます。北の空では、北極星を中心に時計の針と反対回りで動いています。

なぞ24 オリエンテーリングはどっきどき!? 100～103ページ

【100・101ページ】

① 町田先生・一人

解説

100ページ8～11行目の駆の言葉に注目しましょう。「町田先生が早めにゴールで準備することになった」「一人でいるときに、何チームも来たらどうしようかと思った」とあることから考えましょう。

② Aチーム…㋑・㋓
Hチーム…㋒・㋔

※それぞれ順不同

解説

㋐は、100ページ9・10行目より町田先生のしたことだとわかります。13行目「Aチームが先頭でやってきました」、101ページ4・5行目「Aチームは体力がじまん～早くゴールする作戦」から、㋑と㋓がAチームのしたことだとわかります。Hチームのしたことは、10～14行目を注意深く読み解きましょう。

言葉の問題にチャレンジ!

Ⓐ ㋑　Ⓑ ㋒　Ⓒ ㋐

言葉の学習

お話に出てきた言葉の意味を確かめましょう。

有頂天……大得意である様子。
高をくくる……たいしたことはないと見くびる。
明暗……明るい部分と暗い部分。成功と失敗。

【102・103ページ】

③ 心臓

解説

102ページ4・5行目に「酸素や栄養を余計に運んだポンプは……心臓のことじゃない?」とあります。この推理をもとに暗号が解けたので、ポンプは心臓を指していたとはっきりしました。

④ 休けい・「マイナス十五分」

解説

103ページ3行目に「休けいができた」とあります。また、「かかった時間よりマイナスになる時間のほうが多い」(4・5行目)は、1・2行目で「マイナス十五分」のカードを受け取れたことをメリットだと思っての発言です。答えるときは、かっこがなくても正解です。

⑤ ㋐

解説

102ページ20行目に「チーム全員で深呼吸を五回くり返しました」とあります。

言葉の問題にチャレンジ!

Ⓓ ㋒　Ⓔ ㋑　Ⓕ ㋐

解説

「率直」は「ありのままであること」、「メリット」は「利点や価値」、「虎視眈眈」は「じっとして機会が来るのをねらっている様子」という意味です。

言葉の学習

お話に出てきた言葉の意味を確かめましょう。

心機一転……あることをきっかけに、気持ちをすっかり入れかえること。
発破をかける……力強い言葉ではげます。

理科の解説

心臓や肺、肝臓、腎臓など、体中である役割をになっているものを臓器といいます。臓器は血管などでつながり、相互に協力してはたらいています。心臓は血液を循環させるポンプであり、肺は呼吸にかかわっています。肝臓は、小腸から吸収した養分をたくわえ、腎臓は血液から余分なものをこしとり、尿として排出します。

なぞ25 なぞの生き物の正体を暴け！ 104〜107ページ

【104・105ページ】

① 積乱雲・（局地的な）雨

解説 104ページ10・11行目の大樹の言葉に「すずしい風は、あの積乱雲が近づいてきたからかも。局地的な雨が降らないといいね」とあることから考えましょう。

② 最後のチェックポイント

解説 105ページ13・14行目に「ここで最後なんだし、さっさとヒントカード使おうよ。使わないともったいないよ」とあります。「最後なんだし」とは、「最後のチェックポイント」（11行目）だということです。

③ （例）後ろからチームが来ていたから。

解説 ㋑の直後に「大樹が後ろから来るチームを見ながら、ヒントカードをわたしました」（105ページ19行目）とあります。ここから、すでに後ろのチームが追いついてきていたことがうかがえます。「後ろからチームが来ていた」「後ろから来ているチームに聞こえないように」という内容が書けていれば正解です。

言葉の問題にチャレンジ！

Ⓐ ウ
Ⓑ イ
Ⓒ ウ

言葉の学習 お話に出てきた言葉の意味を確かめましょう。

あおぐ……上のほうを見る。
皆目……後ろに「〜ない」などの否定的な言葉をともなって、まるっきり、すっかりという意味を表す。

【106・107ページ】

④ お坊さん・坊主頭の人・坊主頭の妖怪

解説 106ページ12・13行目の透の言葉に注目しましょう。「ちなみに、入道はお坊さんのことだよ。そこから転じて坊主頭の人も入道って言うし、坊主頭の妖怪も指したりするよ」とあります。

⑤ （例）なぞ解きをしなかったから。

解説 107ページ6・7行目に「Aチームは最初にゴールしたものの、なぞ解きをしなかったので他のチームにも逆転されてしまい、六位だったようです」とあります。

⑥ 大成功

解説 107ページ14・15行目に「なぞ解きオリエンテーリングは大成功だったよね！」とあります。指定の文字数にも注意して探しましょう。

言葉の問題にチャレンジ！

Ⓓ イ
Ⓔ イ
Ⓕ イ

解説 「ひっきりなし」は「とぎれなく続く様子」、「くつろぐ」は「のびのびする」、「手前みそ」は「自分で自分をほめること」という意味です。

言葉の学習 お話に出てきた言葉の意味を確かめましょう。

念入り……細かい部分にまで気を配ってものごとに取り組むこと。
リタイア……途中できけんすること。

もっと理解を深めよう

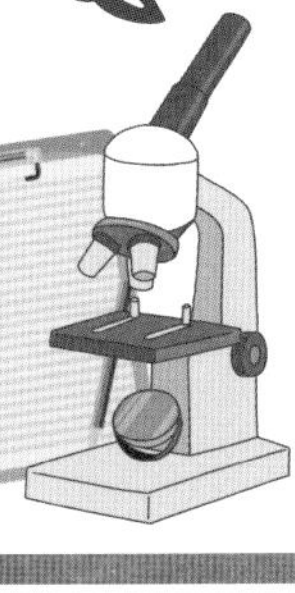

なぞ22 昆虫の育ち方

96・97ページ

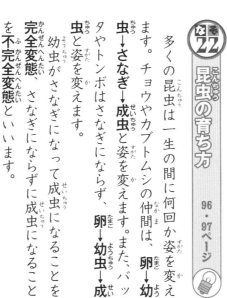

多くの昆虫は一生の間に何回か姿を変えます。チョウやカブトムシの仲間は、**卵→幼虫→さなぎ→成虫**と姿を変えます。また、バッタやトンボはさなぎにならず、**卵→幼虫→成虫**と姿を変えます。

幼虫がさなぎになって成虫になることを**完全変態**、さなぎにならずに成虫になることを**不完全変態**といいます。

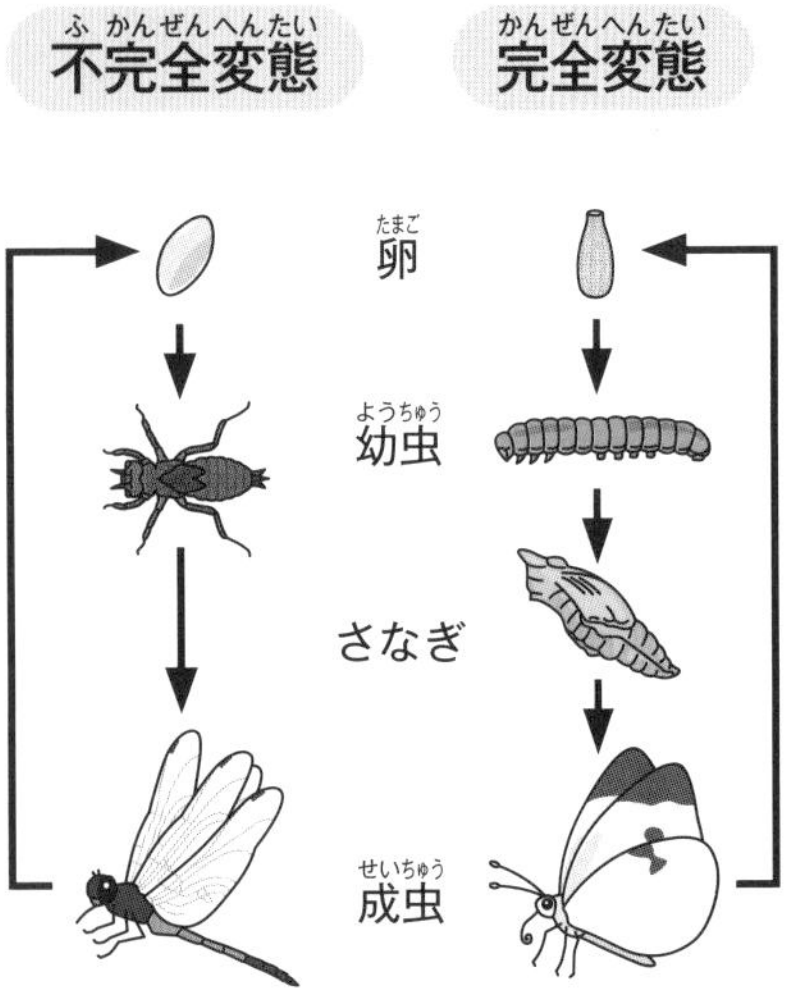

なぞ25 雲の様子

104～107ページ

天気は、雲の量で決まります。空の全体の九割以上が雲でおおわれていればくもり、それより少なければ晴れになります。

雲は、現れる高さや形によって、十種類に分けられます。たとえば、積乱雲は低い場所から高い場所にかけてできる大きな雲で、激しい雷雨を引き起こします。いわし雲（巻積雲）や羊雲（高積雲）は、どちらもこれから天気が悪くなるときに現れやすい雲です。

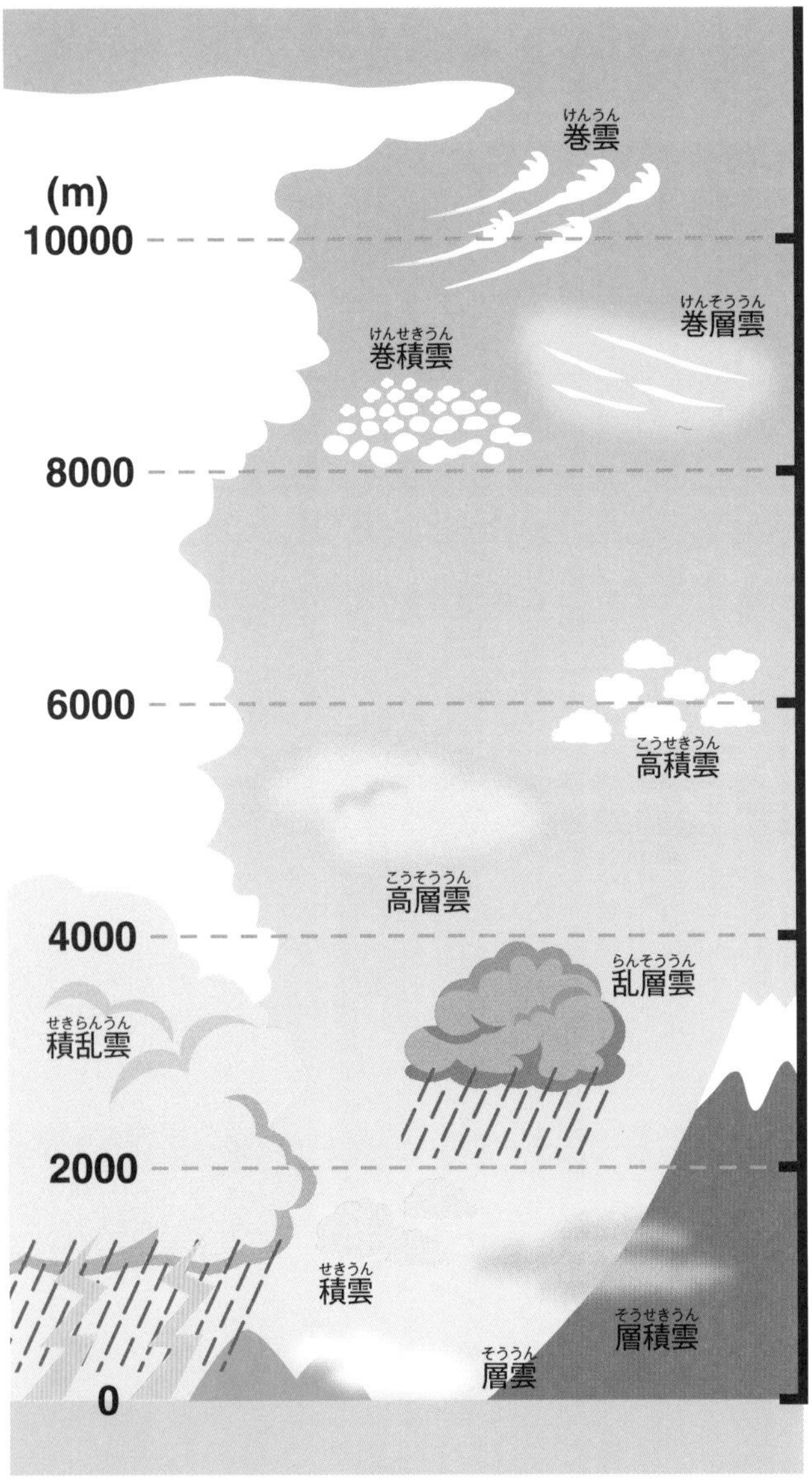

おさらい！理科クイズ

空全体の何割以上が雲でおおわれていると、天気がくもりになるでしょう？

1 三割
2 六割
3 九割

答えは28ページ

90ページの答え 3

ふりこの長さを長くすると、一往復する時間が長くなります。

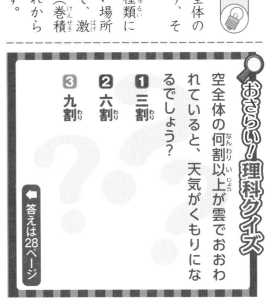

6章

お礼はなぞ解きで！

林間学校でのオリエンテーリングは、
なぞ解きを取り入れたおかげで
最後まで優勝チームがわからず盛り上がり、
大成功に終わりました。

二学期が始まり、あかり、透、大樹の三人は、
オリエンテーリングのお礼をしたいと言う
レクリエーション委員に呼びだされました。

指定された家庭科室へ向かう三人。
そこで待っていたのは——

なぞ 26

セパレートドリンクのなぞ

二学期が始まりました。あかりは、花とお母さんといっしょに昨日行ったおしゃれな喫茶店について、大樹と透に話をしていました。

「ジュースやコーヒー、紅茶をね、Ⓐ**あざやか**な色のシロップとか、ソーダやミルクで、きれいな層にして出してくれるの。ほら。」

そう言って、プリントした写真を一枚見せました。写真には、三層に分かれたジュースで乾杯するあかりと花が写っています。

「ぼくもさそってくれればいいのに。」

透がふきげんな声を出したので、大樹は思わずぷっと笑いました。

「そのお店のお客さんはほとんど女の子だから、透はいやがると思って。」

あかりがすまなそうな顔をしたとき、設楽駆がやってきて

「取りこみ中のところ悪いんだけど、三人とも今日の放課後に家庭科室へ来てくれないかな。ⓐオリエンテーリングのお礼をしたいから。」

と、Ⓑ**単刀直入**に切りだしました。うまく話がそれたので、あかりは**内心**ほっとして「いいよ！」と答えました。

放課後、三人が家庭科室へ行くと、レクリエーション委員の六人と町田先生が待っていました。机にはごちゃごちゃとグラスが置いてあります。駆が前に出て、真剣な**面持ち**で話し始めました。

学習日 ／

1 ——ⓐ三人が受け取った「お礼」はなんでしたか。文章中から探して四文字で書きましょう。

2 レクリエーション委員がお礼をすることにしたのはなぜですか。文章中の言葉を使って書きましょう。

3 駆はどんな順番で液体を注いで飲み物を作りましたか。合うものを選んで記号に○をつけましょう。

ア 黄色、透明、青の順。

イ 青、黄色、透明の順。

「三人とも座って。オリエンテーリングでは協力ありがとう。ただ、透が『参加する側がいい』と言っていたのが、ずっと気になっていてね。だから、三人のためになぞ解きオリエンテーリングを開催します！　まあ、校内だから地図も方位磁針も使わないけれどね。」

「お礼ってものかと思ったら、なぞ解き……。」

大樹とあかりが絶句しましたが、透は「いいね！」とやる気満々です。

「最初に林間学校の成功に乾杯しよう！　ぼくがマジックで飲み物を作ります。まず、青い液体をグラスに注ぎます。暑いので氷もたっぷり入れましょう。次に黄色い液体、最後に透明の液体を注ぐと……この通り！　シュワシュワッと三層に分かれます。不思議でしょう？」

駆は同じ飲み物を人数分作り、グラスを順に置いていきました。どれもきれいに三層に分かれたので、**出来栄え**にも満足そうです。

「ああ、普通は層に分かれずに混ざるもんね。」

さっきのあかりとの話を思い出し、大樹は笑いそうになるのをこらえながら言いました。

「すごい色だけど、これを飲んでも大丈夫なんだよね？　ストローある？」

ウ　透明、黄色、青の順。

言葉の問題にチャレンジ！

次の言葉の意味に合うものを選び、記号に○をつけましょう。

Ⓐ あざやか
- ア　色づかいが特徴的な様子。
- イ　色がはっきりして目立つ様子。
- ウ　色味が落ち着いている様子。

Ⓑ 単刀直入
- ア　前置きなく本題に入ること。
- イ　一人で問題を解決すること。
- ウ　一人だけで行動すること。

Ⓒ 出来栄え
- ア　写真うつりがよいこと。
- イ　作品ができあがること。
- ウ　できあがりがよいこと。

答えは130ページ

「いろいろ**試行錯誤**したからおいしいし、Ⓓ**病みつき**になるにちがいないよ。※小手調べに、どうして層になるのかトリックを当てて。はい、ストロー。」

透は坂上夕夏からストローを受け取ると、透明部分を一口飲みました。次に真ん中の黄色い液体、最後に青い液体を一口飲むと、眉がピクリと上がりました。それから、あかりと大樹に無言でグラスをかたむける仕草をしたので、あかりと大樹の二人も同じ順番で味見をしました。

レク委員会のみんなが、わくわく顔で三人の様子を見つめています。

「一番下はすごくあまいブルーハワイのシロップ、真ん中は甘酸っぱいパインジュース、一番上はまったくあまくない炭酸水だから……せえのっ。」

あかりは、中身を言い当てると透と大樹に目配せをして、三人同時に

「比重の差で混ざらない。」と答えました。とたんに、レク委員のみんなが、がくぜんとした表情になりました。

「ちょっと、ちょっと！　答えるの早すぎて、ぼくのⒺ**立つ瀬がない**よ！　でも、下にいくほどかなりあまくなるし、わかりやすかったかあ。」

駆は、見る間にがっかりした表情になりました。

「設楽くん、ごめんね。このトリックに**関心**があって、実は昨日飲んだばかりだったの。さっき設楽くんが来たときも、透と大樹くんにその話をしていたから……。間が悪かっただけだから。」

あかりがすまなさそうに言うと、山田歩が何枚かのカードを机に並べて、にやりと笑いました。

「トリックを見破っても暗号を解読できるかな？」

4 次の色の液体の正体はなんですか。合うものを線でつなぎましょう。

青 ・　　・ パインジュース

黄色 ・　　・ ブルーハワイのシロップ

透明 ・　　・ 炭酸水

5 飲み物は、三層それぞれどんな味でしたか。□に当てはまる記号を㋐～㋒から選んで書きましょう。

上から順番に、□→□→□

㋐ すごくあまい

㋑ 甘酸っぱい

㋒ まったくあまくない

6 ―ⓘあかりは暗号を解くために何に注目しましたか。文章中から探して六文字で書きましょう。

□□□□□□

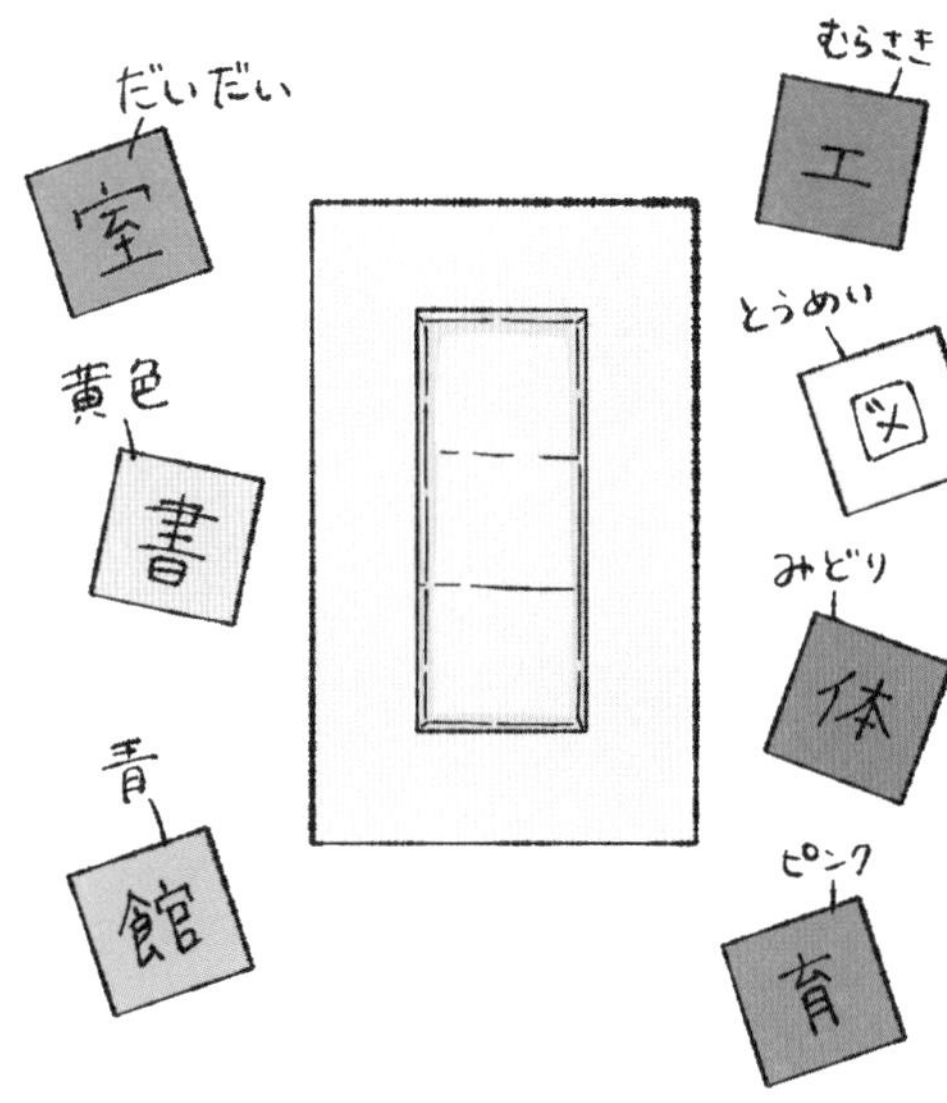

机の上に広げて置かれたのは、正方形が三つたてに並んだ図がかかれた台紙と、色とりどりの正方形のカードです。正方形のカードの中には、一文字ずつ漢字が書かれています。透明のプラスチックのカードもあり、「図」という文字が書かれていました。

あかりは、机の上のカードにさわりもせず、ざっと見ただけで、（い）「暗号が示しているのは『図書館』だね。」と答えました。

「えっ、もう解いちゃったの？」

今度は大樹がおどろきました。

「あ、一人で答えちゃってごめん。透明の『図』だけ色がないのが逆に目立っていたから、色が関係あるんだろうなって思ったんだ。それで、出されたドリンクの色でカードを並べてみたら図、書、館になったの。」

「あかりが、文字や文章のなぞ解きが得意なのはわかるけど……。」

透はあかりをほめつつも、なぞ解きができず少しがっかりした様子です。

「あーあ、実力差を**まざまざ**と見せつけられたな。でも大樹も透もまだ（F）**あきたりない**みたいだから、三人で図書館に行ってらっしゃい！」

レク委員に見送られ、大樹、あかり、透は家庭科室を出ました。

※小手調べ…本格的に始める前に試してみること。

言葉の問題にチャレンジ！

次の言葉を正しい意味で使っている文を選び、記号に○をつけましょう。

D 病みつき
- ア 運動が苦手で病みつきだ。
- イ 虫がきらいで病みつきになる。
- ウ 推理小説に病みつきになる。

E 立つ瀬がない
- ア ざぶざぶと立つ瀬に入る。
- イ 親友に断られて立つ瀬がない。
- ウ この辺りには立つ瀬はない。

F あきたりない
- ア 満席であきたりない。
- イ この結果ではあきたりない。
- ウ この上なく大成功であきたりない。

答えは130ページ

なぞ
27 海を歩く聖人のなぞ

大樹、あかり、透の三人は、学校図書館にやってきました。「失礼します。」と声をかけ、中に入ります。すると、カウンターの内側にいた司書の先生が、「なぞ解きトリオに、今日の課題図書よ。」と言って、あかりに一冊の本を手わたしました。海にうかぶ島から細い砂の道が出ている写真が表紙の写真集のようです。

「わぁ、ここきれいだね。へぇ、月に数回だけ歩いてわたれる島だって。」

あかりが写真集をめくっていくと、二つ折りの画用紙が落ちました。

「これ、次のなぞ解きみたい。」

拾った大樹が中を見て言いましたが、あかりはまだ写真集のページをめくっています。

「あかり、聞こえてる？」

透が本を取り上げると、あかりははっと顔を上げて「ごめん。」と顔を赤くしました。

Ⓐ「その集中力は、あかりの**長所**だけど、**短所**にもなるんだぞ。」

学習日 ／

1 ―Ⓐ透はあかりをほめていますか、注意していますか。合うほうに○をつけましょう。

ほめている・注意している

2 国王がこの地を訪れたのは何が見たかったからですか。文章中から探して七文字で書きましょう。

3 国王は水害が起きた原因をどのように決めつけましたか。文章中の言葉を使って書きましょう。

大樹は改めて三人に見えるように画用紙を広げ、文章を読みました。

物語を読んで、暗号を解け。

暗号文：こうしもおんちよこみちさくみちおらのみち

景色が美しいことで有名な観光地が、ある年水害に見舞われたため、客足が途絶え大打撃を受けた。領主は国王に再三減税を願い出たが、Ⓐ**ことごとく**はねのけられた。しかし、領主は領民のために**手を尽くそう**と、せめて被害の状況だけでも見てほしいと国王にうったえた。その際、最高のもてなしをするためという理由で日付を指定した。国王の側近は、家臣が国王に日付を指定するなど無礼だと言ったが、国王は「最高のもてなし」が見たいと、物見遊山気分でその地方へ出向くことにした。

領主は復興半ばの領地を案内して回り、最後に、その地方で一番の名所である島へ小舟でわたった。その島の高台に、辺りを一望できる領主の館があった。館はかつて城塞※だったため、本土との連絡手段は今もわたし船のみで、橋はなかった。

「ほほう、水害で苦しいと言うが、なかなかの景色ではないか。これならば、すぐに客足も戻るであろう。減税の必要があるとは思えぬな。」

国王は減税を願う領主をあざ笑い、Ⓑ**取り付く島もない**。

「そもそも、水害が起きたのはそなたの行いが悪く神のⒸ**いかりを買った**からではないか。ちがうと言うならば、神にいのって奇跡を起こしてみせよ。そなたが神に愛されていれば、願いは聞き届けられるにちがいない。」

と決めつけた。

※城塞…城主を守るとりで・城。

言葉の問題にチャレンジ！

次の言葉の意味に合うものを選び、記号に○をつけましょう。

Ⓐ **ことごとく**
- ア 残らず全部。
- イ そのたびに。
- ウ 細かいところまで。

Ⓑ **取り付く島もない**
- ア どう考えても気が合わない。
- イ いそがしくて休めない。
- ウ 話を進めることができない。

Ⓒ **いかりを買う**
- ア 事情を聞く。
- イ 相手をおこらせる。
- ウ いかりをぐっとこらえる。

←答えは130・131ページ

国王は領主に言い放った。減税を聞き入れれば領主がⒹ**つけ上がる**と思ったからだった。

ところが、領主はこの**無理難題**に「かしこまりました。」と頭を下げた。

そして、大真面目な顔でこう続けた。

「この地の守り神は、月の女神でございます。ちょうど今夜は満月のため、女神の力が満ちているにちがいありません。明日の正午、Ⓘ船を使わずに私が海を歩いてわたる奇跡を起こしてくださるよう、これより夜通しでいのりをささげます。月の女神にⒺ**仕える**私のいのりは、きっと聞き届けていただけるでしょう。」

「海を歩いてわたるなど、頭がおかしくなったか。そのような奇跡が本当に起きるならば、減税などではなく丸ごと税を免除してくれるわ。」

王は大笑いしながら、約束した。

翌日の昼、海の中に島と本土をつなぐ細い砂の道が現れ、国王のⒻ**度肝を抜いた**。領主は、満月になると「○○○○○○」が大きいことを知っていたのだ。領主は堂々と海をわたった。国王はそのⓊ機転に感心し、約束通り税を免除した。

「なるほどね。満月の日は道が現れるほど潮位が下がると知っていた領主が一枚上手だったんだ。船しか交通手段がない島でくらしていたら、潮の満ち引きには**精通**するよね。」

「ちなみに、満月の日に潮位差が最大の大潮になるのは、地球から見て月と太陽が直線上に並ぶからだよ。新月のときもね。潮の満ち引きで砂の

4 ―Ⓘこの奇跡は、何が現れることでしたか。文章中の言葉を使って「〜こと。」の形で書きましょう。

□

5 ―Ⓤその機転とは、どういうことですか。□に当てはまる言葉を文章中から探して書きましょう。

潮位が下がってできる砂の道を □ がかなえた □ に見せかけたこと。

6 どうやって暗号文を解きましたか。□に当てはまる言葉を文章中から探して書きましょう。

暗号文から「 □ 」を引いた。

道ができて陸とつながるめずらしい島は日本にもあるよ。」

大樹が面白そうに言うと、透も説明を付け加えました。そのとき、あかりが手をぽんとたたきました。

「きっと、『最高のもてなし』は、海の中にできる道を国王に見せることだったんだよ。でも、国王から難題を出されたら、機転を利かせて免税を勝ち取るなんて、**強か**な領主だね。あと、丸が七つ並んでいるところは、文字数的に、さっき大樹くんが言った『しおのみちひき』になるね！」

「よし、冒頭の暗号文も解いちゃおう。」

大樹がはりきりましたが、あかりがふふふと笑いました。

「簡単だよ。丸に入るのが『しおのみちひき』なんだから、暗号文から『しおのみち』を引けばいいの。」

「だとすると、答えは『こう、も、ん、よこ、さく、ら』だ。校門横の桜の木を見ろ、ということだろうな。」

あかりが暗号を解くと、透がすぐに答えを出しました。三人は図書館をあとにすると、昇降口でくつにはきかえて校門に向かいました。

言葉の問題にチャレンジ！

次の言葉を正しい意味で使っている文を選び、記号に○をつけましょう。

D つけ上がる

ア 不況で物価がつけ上がる。
イ つけ上がってあれこれ求める。
ウ つけ上がったほこりをはく。

E 仕える

ア 城主に仕える。
イ ペットを仕える。
ウ このペンはまだ仕える。

F 度肝を抜く

ア 調理の下準備として度肝を抜く。
イ 思った通りで度肝を抜かれた。
ウ あまりの豪華さに度肝を抜かれた。

← 答えは131ページ

なぞ28 桜に化ける妖怪

大樹、あかり、透は暗号の答えだった校門横の桜の木の下へやってきました。桜の木の枝に、二つ折りの画用紙がぶら下がっています。

大樹が画用紙をはずそうと手をのばすと、枝先がぴくりと動きました。

「わっ、びっくりした。なんだ、ナナフシモドキか。」

それを聞いたあかりは、あわてて一歩後ろに下がりました。

「枝みたいな虫、ちょっと苦手なの。早くなぞ解きして移動しようよ。」

大樹は苦笑いして画用紙を開きました。

昔、じいさまの畑のそばに、たいそう立派な桜の木が立っていた。ところが、急に桜の元気がなくなり、不思議なことが起こるようになった。枝にかけた手ぬぐいが風もないのに落っこちる。Ⓐ**得体が知れない**妖怪が悪さをしていると思い、じいさまはおしょうさんを呼んだ。おしょうさんはじっくり桜を見ると、これが妖怪だと笑いながら小枝をつついた。妖怪が左に大きく二歩動いたので、じいさまは**肝をつぶした**。

次の暗号を解け。

妖怪の正体：ぢはしにはにゎつほきるに

次の行き先：きたにふ

大樹が、「これは簡単だ。」と言って、すぐさま説明を始めました。

学習日 ／

1 あかりが苦手なのはどんな虫ですか。文章中から探して六文字で書きましょう。

□□□□□□

2 次の行き先を現す暗号の答えはなんでしたか。文章中から探してひらがなで書きましょう。

□

3 どうやって2の暗号を解きましたか。□に当てはまる言葉を文章中から探して書きましょう。

暗号のひらがなを □ で □ 戻した。

「妖怪の正体は擬態した、つまり桜の枝に化けたシャクトリムシだね。似た昔話を聞いたことがあるよ。ここにも枝そっくりのトビモンオオエダシャクの幼虫がいるよ！ 頭のV字のツノがかわいいよね。」

大樹が桜の小枝をつんと指でつつくと、枝がくにゃりと動いたではありませんか。

「ぎゃーっ！ 大樹くん、さわった！ 私、苦手なのー。見て、**鳥肌が立ってる**。」

シャクトリムシにⒷ**ひるんだ**あかりが、透の背中にかくれます。

「早く次の場所へ移動したいなら、なぞは解かなきゃ。だろ？ なんでシャクトリムシが『ぢはしにはにゎつほきるに』になるんだろうね？」

透があかりに落ち着いた口調で聞くと、あかりは早口で答えました。

「妖怪が左に二歩動いたんでしょ。ということは、もともと妖怪がいたのは二歩右の位置だよ。暗号のひらがなを五十音表で右に二つ戻して。」

「なるほど。『ぎたいした、しゃくとりむし』になるね！ とすると、次の行き先は『りかしつ』だ。今度は理科室で実験でもするのかな？」

透がふり返ると、あかりは二人にはⒸ**目もくれず**、校舎に向かって走っていってしまいました。

言葉の問題にチャレンジ！

次の言葉の意味に合うものを選び、記号に○をつけましょう。

Ⓐ **得体が知れない**
- ア 目には見えない。
- イ 出どころがはっきりしない。
- ウ 正体がわからない。

Ⓑ **ひるむ**
- ア かかわらないようにする。
- イ おじけづく。
- ウ いびつな形になる。

Ⓒ **目もくれない**
- ア 少しも関心を持たない。
- イ まぶしくて見ていられない。
- ウ まったく気づいていない。

答えは132ページ

なぞ29

見えない文字のなぞ

昇降口近くの手洗い場で、あかりが大樹と透を待っていました。

「大樹くん、トビモンオオエダシャクをさわった手をよく洗って!」

「ごめん。カマキリとか平気だったから、大丈夫だと思ったんだ。」

栓をひねると上向きの蛇口から勢いよく水が吹き上がり、Ⓐ**まごついた**大樹が手で押さえると、しぶきの中にきれいな虹が見えました。

「大樹! 押さえるんじゃなくて、栓を閉じろよ!」

透がめずらしくあわてながら栓を閉じ、蛇口を下に向けました。三人は改めて手をよく洗ってから、理科室へと向かいました。

大樹がガラリと扉を開けましたが、いつもより暗いことに気がつきました。よく見ると、今は教室の後ろ半分の暗幕が閉まっています。

「あれ、どういうことだろう? ここで終わりだと思ったのに。」

「ねぇ、黒板になぞが書いてあるよ。」

透が指さす先を見ると、黒板にチョークで文字が書いてありました。

『せきとうおうりょくせいらんし』の下を使って、画用紙を読め。

チョークで書かれた下向きの矢印の下を見ると、粉受けに画用紙が立てかけてありましたが、真っ白です。そのとなりには、不自然に懐中電灯が置かれています。

学習日

1 ―(あ)これが表す色はなんですか。合うものをすべて選んで色の名前に○をつけましょう。

黒・白・赤・桃色・橙・黄・緑・青・水色・藍・紫・透明

2 ―(あ)の下とは、何を指しますか。文章中から探して三文字で書きましょう。

3 真っ白な画用紙は、どうしたら読めましたか。文章中の言葉を使って書きましょう。

(あ)「『せきとうおうりょくせいらんし』って、何かの本で見たことがあるんだよね。色に関係していたような……。」

あかりの言葉に、大樹が反応しました。

「虹だ！　太陽光は白いけど空中の水滴に当たると七色に分かれるよね？　上から赤、橙、黄、緑、青、藍、紫。その下はないんだけどな。」

「大樹もまだまだ**頭が固い**なあ。人間には見えないけれど、紫の下は紫外線だ。つまり、紫外線を使って画用紙を読めっていうこと。画用紙には、紫外線を当てると発光する透明インクのペンで、字が書かれているんだと思うよ。ということは、これはただの懐中電灯じゃなくて紫外線を放射するブラックライトだよ。暗幕を全部閉めて暗くしよう！」

透がⒷ**容易**になぞを解き、三人はすべての暗幕を閉めてから理科室の電気を消しました。すかさず、透がブラックライトの光を当てます。予想は**的中**し、画用紙には今まで見えなかった文字が現れました。

『次で最後だ。音楽室で待っている！』

「次が最後か。Ⓒ**いやがうえにも**期待が高まるな！」

三人は、理科室の電気をつけて暗幕を元に戻すと、音楽室に向かいました。

言葉の問題にチャレンジ！

次の言葉の意味に合うものを選び、記号に○をつけましょう。

Ⓐ **まごつく**
- ア なやみながらも決断する。
- イ 人に任せきりにする。
- ウ 迷って、うろうろする。

Ⓑ **容易**
- ア 相反すること。
- イ 難しいこと。
- ウ 簡単なこと。

Ⓒ **いやがうえにも**
- ア しみじみ。
- イ ますます。
- ウ 限りなく。

答えは132ページ

なぞ30

最後のなぞ解き

三人が音楽室に近づくと、(あ)音楽室からろうかをのぞいていた風間桃香があわてた様子で中にかくれました。不思議に思いながら大樹が扉を開けた瞬間、パチパチという拍手が聞こえて紙吹雪が舞いました。

「なぞ解きトリオ、ありがとう！」

という声がして、行進曲の演奏が始まりました。鍵盤ハーモニカ、リコーダー、小太鼓に加え、ときどきシンバルが鳴り、空気がふるえます。

大樹、あかり、透の三人は、**鳩が豆鉄砲を食らったよう**な顔になりました。周りを見回すと、レク委員の他に何人か見知った子たちが目に入りました。大樹の妹の花もその一人で、他にもこれまでになぞ解きを依頼した子たちがいます。

校内オリエンテーリングは、ずいぶん大がかりだったようです。演奏の指揮をしていた桃香が、切りのいいところで演奏をぴたりと止めると、

学習日　／

1 ―(あ)桃香はこのあと、何をしましたか。□に当てはまる言葉を文章中から探して書きましょう。

□をした。

2 ―(い)駆がこうなったのは三人がどんな顔をしたからですか。文章中から探して十四文字で書きましょう。

3 ―(う)大樹はあかりと透をさそって何をしようと考えましたか。文章中から探して七文字で書きましょう。

(い)駆が、してやったりという顔をしました。

「校内オリエンテーリングは楽しめた？」

「もちろん楽しんだけど、こんなに協力者がいたおどろきのほうが大きい。」

大樹が言うと、透とあかりもうんうんとうなずきました。

「まぁ、なぞ解きトリオを**労う**ちょっとしたお礼なんだ。Ⓐ**名案**だろ？」

「これで、『ちょっとした』なの？　前の学校とは規模がちがうな。みんな、ありがとう！　Ⓑ**身に余る**光栄っていうのかな。これは、ぜひお返しをしなくっちゃ！　ちょっと待ってて！」

(う)大樹は感激した様子で、あかりと透をすみに引っぱっていきます。

「お礼に三人で何かしようよ。Ⓒ**即興**の科学のなぞ解きとかさ。」

「え？　でもなんの準備もしていないよ。透、いい案ある？」

あかりがちょっぴり不安そうな顔になりました。

「うーん、そうだな……。」

透は音楽室をぐるりと見わたしてしばらく考えたあと、「そうだ！」と言うと、思いついた内容をヒソヒソ声であかりと大樹に伝えました。二人も「いいね！」と賛成したので、大樹がみんなに向き直りました。

「こんなに大勢集まってくれて、すごくうれしいです。お礼に、ぼくたちからみんなに科学のなぞ解きを出そうと思います！」

大樹があいさつをしている間に、透が長机をみんなの前にセッティングし始めました。あかりはノートを一枚切りはなし、すらすらと文章を書いたあと、裏返してテーブルに置きました。

言葉の問題にチャレンジ！

次の言葉の意味に合うものを選び、記号に○をつけましょう。

Ⓐ **名案**
- ア 有名な方法。
- イ すぐれた考え。
- ウ よい知らせ。

Ⓑ **身に余る**
- ア 自分にはよすぎる。
- イ 量が多すぎる。
- ウ 体力の限界をこえる。

Ⓒ **即興**
- ア 関心を持つこと。
- イ すぐに決断すること。
- ウ その場で作ること。

← 答えは133ページ

あかりは、セパレートドリンクの残りらしい五〇〇ミリリットル入りのペットボトルを町田先生から借り、裏返した紙の真ん中に逆さにして立てました。ペットボトルは、とても不安定な状態に見えます。

「さて、ぼくらが出すなぞ解きは『ペットボトルにさわらず、そしてたおさずに紙を抜き取れ』です。さぁ、どんどん挑戦してみて！」

大樹が言うと、「はい！」、「はーい！」とあちこちから手が挙がりました。

最初は花が挑戦しに前へ出てきました。花は、片手で紙の端をそっと持ってさっと引きました。けれど、ペットボトルはゴンと音を立ててたおれてしまいました。そのあと、三人が両手で素早く紙を引いてみましたが、ペットボトルはやはりたおれてしまいました。

「テーブルクロス引きと同じやり方じゃダメなのかな？」

次に山田歩が、紙の端を持ってじりじりと引きましたが、ペットボトルごと動いてしまい、結局はたおしてしまいました。

「もうだめ、降参！ Ⓓ**かぶとを脱ぎ**ます。なぞ解きトリオ、正解は？」

桃香の言葉で、透が前に出てきました。**ひのき舞台**に立った気分です。

ドルルルル……ジャン！

小太鼓の子が、いいタイミングでドラムロールを鳴らしました。

透は一度深呼吸をしたあと、右手をグーにして長机をド、ド、ド、ド……と音を立て、高速でたたき始めました。よく見ると机も小刻みにゆれていますが、ペットボトルはたおれません。

「行くよ！」

④ 降参するまで、何人がなぞ解きに挑戦しましたか。漢字で答えましょう。

□ 人

⑤ 透が紙を抜き取ることができたのはなぜですか。□に当てはまる言葉を文章中から探して書きましょう。

□ ことで、長机の表面が □ してすきまができたから。

⑥ なぞ解きトリオの三人が、最後に感極まったのはなぜですか。文章中の言葉を使って書きましょう。

□

　透は右手で机をたたく手を休めず、左手で切りはなしたノートの端をつまむと、ペットボトルをたおさずにすーっと紙を引き抜きました。

「わー、すごい！　でも、どうしてペットボトルがたおれないの？」

　みんなは不思議そうです。

「じゃあ種明かしをするね。机も太鼓と同じで、たたくと音が出ると同時に表面が振動しているんだ。それでペットボトルとの間にほんのわずかなすきまができるんだよ。だから紙を抜き取れたというわけ。」

　透がⒺ**律儀**に説明をします。透が抜き取った紙には「みなさんのⒻ**厚意**に感謝！　これからも、なぞ解きを楽しもう！」と書いてありました。

「さすが、なぞ解きトリオ。**有終の美**をかざって素晴らしかったよ。でも、最後に感動するのは、そっちなんだぜ。これ、レク委員からだよ！」

　駆は三人に一冊ずつノートのようなものを手わたしました。三人が表紙を開くと……なぞ解きの出題者として林間学校を楽しんでいる、大樹、あかり、透とレク委員の写真がたくさん入ったアルバムでした。

　三人は感極まって「ありがとう！」と、言いました。そして、なぞ解きを通じて多くの出会いがあったことを、うれしく思いました。

言葉の問題にチャレンジ！

次の言葉を正しい意味で使っている文を選び、記号に○をつけましょう。

Ⓓ かぶとを脱ぐ

ア　力を見せつけようとかぶとを脱ぐ。
イ　あまりの熱意にかぶとを脱ぐ。
ウ　かぶとを脱いで本気を出す。

Ⓔ 律儀

ア　多忙で律儀になりがちだ。
イ　律儀に便りをよこす。
ウ　厳かに律儀をとり行う。

Ⓕ 厚意

ア　厚意を寄せる。
イ　厚意をとがめる。
ウ　厚意にすがる。

答えは133ページ

答えと解説

なぞ26 セパレートドリンクのなぞ 114～117ページ

【114・115ページ】

① なぞ解き

解説 115ページ5行目に「お礼ってものかと思ったら、なぞ解き……」とあることから考えましょう。

② （例）透が「参加する側がいい」と言っていた（ことが気になっていた）から。

解説 115ページ1・2行目の駆の言葉に「透が『参加する側がいい』と言っていたのが、ずっと気になっていてね」とあることから考えましょう。「なぜですか」と問われているので、「～から。」の形で答えましょう。

③ イ

解説 115ページ8・9行目に「まず、青い液体をグラスに注ぎます。～次に黄色い液体、最後に透明の液体を注ぐと……」とあることから考えましょう。

言葉の問題にチャレンジ！

Ⓐ イ　Ⓑ ア　Ⓒ ウ

言葉の学習 お話に出てきた言葉の意味を確かめましょう。

内心……心の中。

面持ち……顔つき。

【116・117ページ】

④ ・青――ブルーハワイのシロップ
・黄色――パインジュース
・透明――炭酸水

解説 116ページ8・9行目のあかりの言葉に「一番下はすごくあまいブルーハワイのシロップ、真ん中は甘酸っぱいパインジュース、一番上はまったくあまくない炭酸水」とあることから考えましょう。

⑤ ウ→イ→ア

解説 「一番下はすごくあまい」、「真ん中は甘酸っぱい」、「一番上はまったくあまくない」（116ページ8・9行目）とあります。「上から順番に」答えることに注意しましょう。

⑥ ドリンクの色

解説 117ページ15・16行目のあかりの言葉に注目します。「出されたドリンクの色でカードを並べてみた」ことで、答えが図書館だとわかりました。

言葉の問題にチャレンジ！

Ⓓ ウ　Ⓔ イ　Ⓕ イ

解説 「病みつき」は「熱中するあまりやめられなくなること」、「立つ瀬がない」は「自分の立場がなくなって困る」、「あきたりない」は「満ち足りない」という意味です。

言葉の学習 お話に出てきた言葉の意味を確かめましょう。

試行錯誤……さまざまな方法を試し、失敗しながら解決法を見つけようとすること。

関心……心をひかれて注目すること。

まざまざ……身にしみて感じる様子。

なぞ27 海を歩く聖人のなぞ 118～121ページ

【118・119ページ】

① 注意している

解説 118ページ8～15行目の内容を読んで考えましょう。「これ、次のなぞ解きみたい」（8行目）と大樹が言っているのに、「あかりはまだ写真集のページをめくって」（10・11行目）いたので注意されたのです。

2 最高のもてなし

解説

119ページ10・11行目に「国王は『最高のもてなし』が見たいと、物見遊山気分でその地方へ出向くことにした」とあります。

3 (例)領主の行いが悪く神のいかりを買ったため(と決めつけた。)

解説

119ページ19・20行目の国王の言葉に「そもそも、水害が起きたのはそなたの行いが悪く神のいかりを買ったからではないか」とあることから考えましょう。「と決めつけた。」に続くように、「～ため」「～から(だ)」といった形でまとめましょう。

言葉の問題にチャレンジ！

Ⓐ ア
Ⓑ ウ
Ⓒ イ

言葉の学習

お話に出てきた言葉の意味を確かめましょう。

長所……すぐれているところ。よいところ。
短所……おとっているところ。よくないところ。
手を尽くす……問題の解決のためにありとあらゆる手段を試みる。

【120・121ページ】

4 (例)海の中に島と本土をつなぐ細い砂の道が現れること。

解説

120ページ13・14行目に「海の中に島と本土をつなぐ細い砂の道が現れ、国王の度肝を抜いた」とあることから考えましょう。問題文に「～こと。」の形で答えるように指示があるので注意しましょう。

5 月の女神・奇跡

解説

121ページ7～12行目をよく読んで考えましょう。「『最高のもてなし』は、海の中にできる道を国王に見せること」でしたが、「機転を利かせて」、「月の女神」が起こす「奇跡」に仕立て上げたのです。

6 しおのみち

解説

121ページ16・17行目のあかりの言葉に「暗号文から『しおのみち』を引けばいい」とあります。

言葉の問題にチャレンジ！

Ⓓ イ
Ⓔ ア
Ⓕ ウ

解説

「つけ上がる」は「相手の思いやりがあるのをいいことに思い上がったことをする」、「仕える」は「神や仏、目上の人などに奉仕する」、「度肝を抜く」は「相当びっくりさせる」という意味です。

言葉の学習

お話に出てきた言葉の意味を確かめましょう。

無理難題……実現するのがとうてい不可能な問題。
精通……あるものごとについて、よく知っていること。
強か……圧力にくっすることなく、しぶとい様子。

科学の解説

潮が満ちたり引いたりする原因は、月と太陽の持つ引力にあります。特に、地球からの距離が近い月の引力の影響を大きく受けています。月に近いほうの海では、月の引力によって海水が引っぱられ、海面が上昇して満ち潮になります。このとき反対側の海では、月の引力の影響はもっとも小さくなりますが、地球の公転によって外側に引っぱられる力がはたらくため、こちらも満ち潮になります。その間にある海では、引っぱられた分だけ海水が減るので引き潮になるのです。

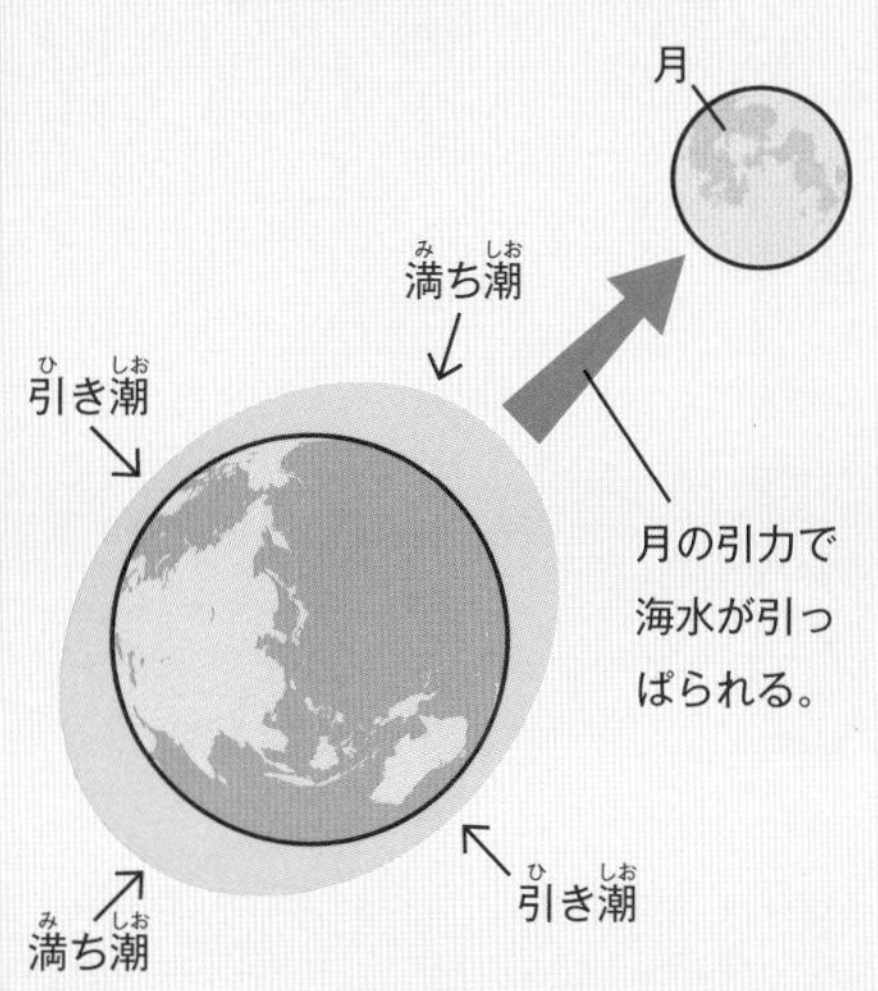

なぞ28 桜に化ける妖怪

122・123ページ

【122・123ページ】

① 枝みたいな虫

解説

122ページ6行目のあかりの言葉に「枝みたいな虫、ちょっと苦手なの」とあります。

② りかしつ

解説

123ページ18・19行目の透の言葉に「次の行き先は『りかしつ』だ」とあることから考えましょう。

③ 五十音表・右に二つ

解説

123ページ16・17行目のあかりの言葉に注目しましょう。「暗号のひらがなを五十音表で右に二つ戻して」（17行目）とあり、これが暗号を解く方法です。

言葉の問題にチャレンジ！

Ⓐ ウ　Ⓑ イ　Ⓒ ア

言葉の学習

お話に出てきた言葉の意味を確かめましょう。

肝をつぶす……非常におどろく。

鳥肌が立つ……寒さや恐怖で、はだにぶつぶつが現れる。

科学の解説

動物や虫などが身を守ったり、えものをつかまえたりするために、植物や他の生き物に姿や色を似せることを「擬態」といいます。たとえば、ランの花そっくりに擬態するハナカマキリは、花にまぎれて身を守るだけでなく、みつを吸いにくる昆虫をつかまえて食べます。また、アゲハチョウの幼虫は、背中に目玉のような模様があることで、ヘビの頭に似た姿となり、鳥などの敵をおどかして身を守っています。

なぞ29 見えない文字のなぞ

124・125ページ

【124・125ページ】

① 赤・橙・黄・緑・青・藍・紫

解説

「『せきとうおうりょくせいらんし』って〜色に関係していたような」（125ページ1・2行目）のあかりの言葉に反応した大樹が「虹だ！　〜上から赤、橙、黄、緑、青、藍、紫」（4・5行目）と述べています。

② 紫外線

解説

125ページ6・7行目の透の言葉に「人間には見えないけれど、紫の下は紫外線だ」とあります。

③ （例）ブラックライトの光を当てた。

解説

125ページ12〜14行目をよく読んで答えましょう。

言葉の問題にチャレンジ！

Ⓐ ウ　Ⓑ ウ　Ⓒ イ

言葉の学習

お話に出てきた言葉の意味を確かめましょう。

頭が固い……ゆうずうが利かない。

的中……見当をつけたことが当たること。

科学の解説

光は、「電磁波」と呼ばれる、空間を伝わっていく「波」の一種です。私たちに見えている光は「可視光線」といいます。可視光線は白っぽく見えますが、空気中の水で反射と屈折がくり返されると、色が分かれて見え、虹ができます。太陽は、可視光線の他に、可視光線より波長の長い「赤外線」と、波長の短い「紫外線」も発しています。紫外線は日焼けの原因になる光で、赤外線は熱をよく伝える性質があります。

なぞ30 最後のなぞ解き 126～129ページ

【126・127ページ】

1 演奏の指揮（をした。）

解説 126ページ16・17行目に「演奏の指揮をしていた桃香」とあることから考えましょう。

2 鳩が豆鉄砲を食らったような顔

解説 「してやったりという顔」とは、自分の思い通りに進んで満足げな様子をいいます。駆は、「大樹、あかり、透の三人は、鳩が豆鉄砲を食らったような顔に」（126ページ12・13行目）なったことに満足しているのです。

3 科学のなぞ解き

解説 127ページ10行目の大樹の言葉に「おれに三人で何かしようよ。即興の科学のなぞ解きとかさ」とあります。文字数の指定に気をつけて答えましょう。

言葉の問題にチャレンジ！

Ⓐ イ
Ⓑ ア
Ⓒ ウ

言葉の学習

お話に出てきた言葉の意味を確かめましょう。

鳩が豆鉄砲を食らったよう……とつぜんのできごとにびっくりしている様子。

労う……苦労や努力に対して感謝していたわる。

【128・129ページ】

4 五（人）

解説 128ページ7行目「最初は花が挑戦」とあり、「そのあと、三人が～」（9行目）、「次に山田歩が、～」（12行目）とあるので、全部で五人だとわかります。

5 たたく・振動

解説 129ページ5～7行目をよく読んで考えましょう。

6 （例）レク委員から、（なぞ解きの出題者として林間学校を楽しんでいる自分たちの写真がたくさん入った）アルバムをもらったから。

解説 129ページ10～17行目をよく読んでまとめましょう。「レク委員からアルバムをもらった」ことが書けていれば正解です。さらに、収められた写真が「林間学校を楽しんでいる自分たちの写真だったこと」まで書けたら、より感極まった理由がわかりやすくなるでしょう。

言葉の問題にチャレンジ！

Ⓓ イ
Ⓔ イ
Ⓕ ウ

解説 「かぶとを脱ぐ」は「相手がすぐれていることを認め、降参する」、「律儀」は「義理がたく、真面目なこと」、「厚意」は「他者が自分に見せてくれた思いやりの心」という意味です。

言葉の学習

お話に出てきた言葉の意味を確かめましょう。

ひのき舞台……自分の技量をはっきりする晴れ舞台。

有終の美……ものごとを最後までやりぬき、立派に仕上げること。

さくいん

監修者

陰山 英男（かげやま ひでお）

1958年、兵庫県生まれ。小学校教員時代、反復学習や規則正しい生活習慣の定着で基礎学力の向上を目指す「陰山メソッド」を確立し、脚光を浴びる。百ます計算や漢字練習の反復学習、そろばん指導やICT機器の活用など、新旧を問わずさまざまな学習法を積極的に導入し、子どもたちの学力向上を実現している。

現在、教育クリエイターとして講演会などで活躍するほか、全国各地で教育アドバイザーなどにも就任。子どもたちの学力向上のための指導を精力的に行っている。

主な著書に『陰山メソッド　たったこれだけプリント』（小学館）、『早ね早おき朝5分ドリル』シリーズ（学研プラス）などがある。

小川 眞士（おがわ まさし）

理科の教室「小川理科研究所」主宰。森上教育研究所客員研究員。東京都練馬区立の中学校で理科の教鞭を執ったあと、四谷大塚進学教室理科講師を務めた。開成特別コース・桜蔭特別コースを担当し、クラス28人全員が開成合格を達成。その後、四谷大塚副室長、理科教務主任を務めた。「理科的視点と豊かな心」をモットーにした教室を主宰し「理科大好き生徒」が増殖中。

著書は『基礎からしっかりわかる　カンペキ!　小学理科』（技術評論社）、『オールカラー　楽しくわかる!地球と天体』（ナツメ社）、『中学受験理科のグラフ完全制覇』（ダイヤモンド社）他多数。

物語

山下 美樹（やました みき）

埼玉県出身。保育絵本、幼年童話、科学童話を中心に執筆している。主な作品に『ケンタのとりのすだいさくせん』などの「ケンタ」シリーズ、『「はやぶさ2」リュウグウからの玉手箱』などの「探査機」シリーズ（以上、文溪堂）、『ぐんぐん考える力を育むよみきかせ　きょうりゅうのお話20』などの「かがくのお話」シリーズ（西東社）がある。日本児童文芸家協会会員。

カバー・挿絵	佳奈
解説イラスト	坂川由美香
DTP	山名真弓（Studio Porto）
編集協力	株式会社童夢、石塚莉奈、高橋みか、山内ススム
本文デザイン	白石 友（Red Section）
校正	村井みちよ
編集担当	横山美穂（ナツメ出版企画株式会社）

読解力と語彙力を鍛える！
なぞ解きストーリードリル　科学のふしぎ

2023年4月5日　初版発行

監修者　陰山英男、小川眞士
物　語　山下美樹
発行者　田村正隆

発行所　株式会社ナツメ社
東京都千代田区神田神保町1-52　ナツメ社ビル１Ｆ（〒101-0051）
電話 03-3291-1257（代表）　FAX 03-3291-5761
振替 00130-1-58661

制　作　ナツメ出版企画株式会社
東京都千代田区神田神保町1-52　ナツメ社ビル３Ｆ（〒101-0051）
電話 03-3295-3921（代表）

印刷所　株式会社リーブルテック

ISBN978-4-8163-7345-9　Printed in Japan

『読解力と語彙力を鍛える！　なぞ解きストーリードリル　科学のふしぎ』

1日1ページ×30日完成

別冊 言葉ドリル

『なぞ解きストーリードリル』を解き終えたら、
次はこのドリルに挑戦しよう！
1日1ページ取り組むことを目標にしてね。
問題の答えは、次のページの下にのせているので、
解いたら答え合わせをしよう。

1 8～11ページの復習　新しい語句を覚えよう①

学習日　／

復習 1

□に当てはまる言葉を[　]から選び、□に記号を書きましょう。

(1) きげんが悪く、□な態度になったことを反省する。

(2) □の大事件が起こり、住民はこわがっている。

(3) 友だちの買い物に□する。

(4) 人気の映画と聞いていたが、結末は□ものだった。

(5) 試験に合格したとわかり、□した。

(6) 昔からよく知った仲で、□関係だ。

㋐ **驚天動地**	㋑ **あっけない**
㋒ **無愛想**	㋓ **気の置けない**
㋔ **破顔一笑**	㋕ **同行**

新しい語句① 2

ヒントの意味に合う言葉を[　]から選び、□にひらがなで書きましょう。

難儀　**経る**　**瀬戸際**　**天狗になる**　**渡りに船**　**委ねる**　**おごる**

縦のヒント

㋐ 思い上がる。

㋑ 時がたつ。

㋒ 必要なときに必要なものがそろうこと。

㋓ 苦労すること。

横のヒント

㋔ 運命の分かれ目。

㋕ いい気になる。　㋖ 任せる。

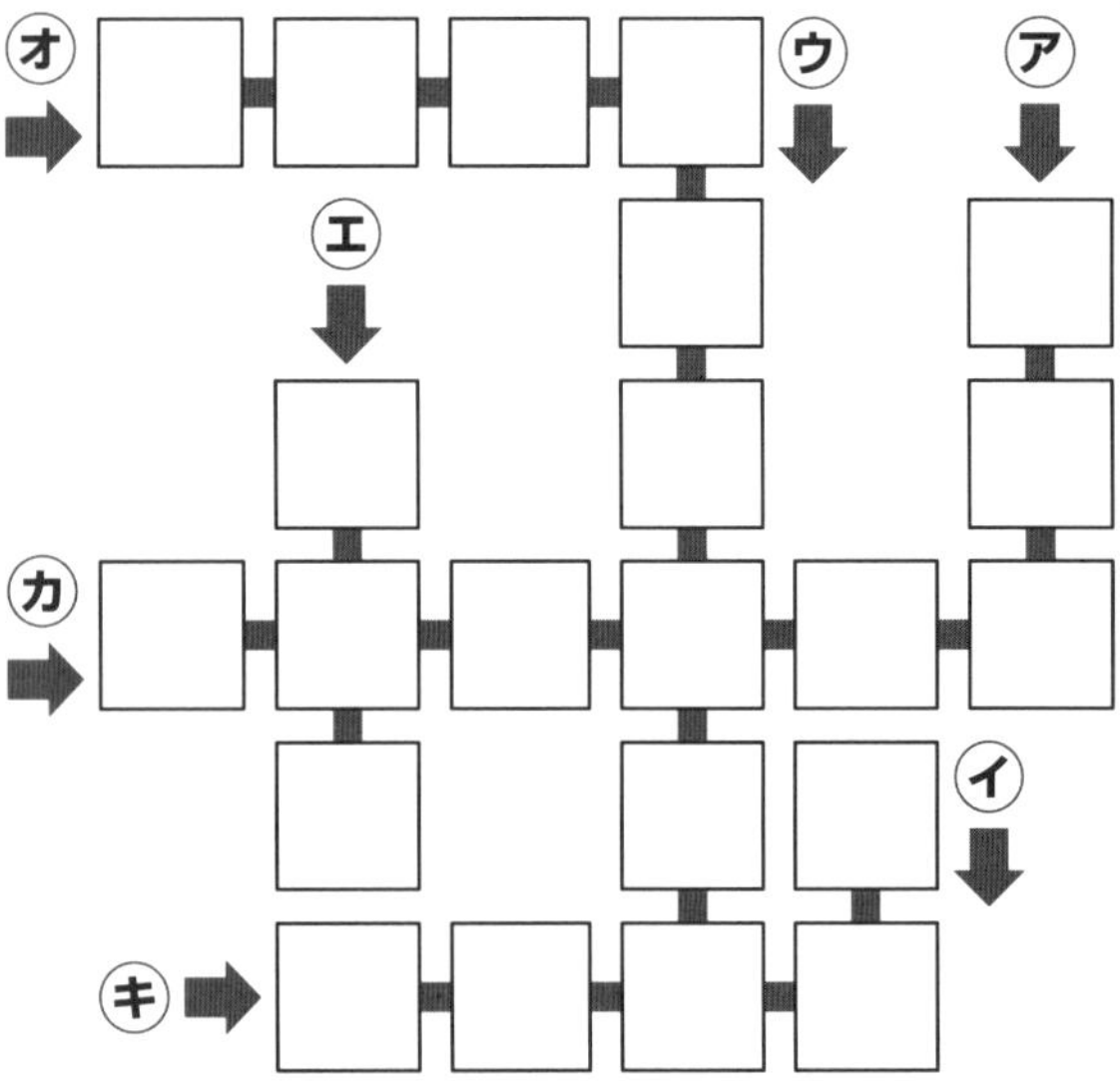

31ページの答え

1 (1) ㋒ (2) ㋕ (3) ㋐ (4) ㋔ (5) ㋑ (6) ㋓

2 (1) ㋐ (2) ㋐ (3) ㋐ (4) ㋑ (5) ㋑ (6) ㋐ (7) ㋑

2 12・13ページの復習 新しい語句を覚えよう②

学習日 ／

復習

1 文に合う言葉を選び、記号に○をつけましょう。

(1) ドアのかぎをかけるように［ア 促す　イ 惑わす　ウ さばく］。

(2) 長期休みの宿題の量の多さに［ア まどろむ　イ たじろぐ　ウ たばねる］。

(3) 古木を神さまと［ア あがめる　イ けなす　ウ あだなす］。

(4) 給食に好物が出るので、［ア 毛ぎらいして　イ 胸を張って　ウ 胸を躍らせて］学校へ向かう。

(5) 彼は［ア 他力本願　イ 自由自在　ウ あわよくば］に英語を話すことができる。

新しい語句②

2 ——線部の言葉と同じ意味の文を選び、記号に○をつけましょう。

(1) 今年は、おしなべて米が豊作だ。
ア 全体にわたって
イ ごく一部について
ウ 偶然

(2) 歯を食いしばって、痛みにたえる。
ア むし歯になる
イ 強い力でかみつく
ウ ぐっとこらえる

(3) 質問ぜめにされて、うっとうしい。
ア 都合が悪い
イ わずらわしい
ウ うれしい

(4) 学級会でなかなか意見が出ず、業をにやす。
ア 思うように進まず、いらだつ
イ 時間がかかって結果が出ない
ウ ふがいない気持ちになる

(5) いとことは反りが合わない。
ア 気心が合わない
イ ときどきしか会わない
ウ 年れいがはなれている

(6) 博物館で悠久の時を感じる。
ア くちていくこと
イ 果てしなく長く続くこと
ウ だれも知らないこと

---

1 2ページの答え

1 (1) ウ (2) ア (3) カ (4) イ (5) オ (6) エ

2 ア おごる イ へる ウ わたりにふね エ なんぎ オ せとぎわ カ てんぐになる キ ゆだねる

3 14・15ページの復習 新しい語句を覚えよう③

学習日　／

復習 1 次の言葉を正しい意味で使っている文を選び、記号に○をつけましょう。

(1) 望郷
ア 思い入れのない土地なので、望郷の念にかられる。
イ 生まれた土地を思って、望郷のなみだがこぼれる。

(2) 趣
ア 趣のある古い建物に見入る。
イ 家で見つけた趣をこっそりかくす。

(3) 老若男女
ア ここを老若男女の集まる広場にしたい。
イ 老若男女に制限して、会場に入ってもらう。

(4) かつて
ア かつて通っていた小学校を訪れる。
イ 遊ぶのはかつて宿題が終わってからだ。

(5) 順風満帆
ア 順風満帆な様子を見ると、彼女は苦労しているようだ。
イ 劇の準備は予定通り進んでおり、順風満帆だ。

新しい語句③ 2 次の意味に合う言葉を選び、記号に○をつけましょう。

(1) 対立する二者の間でどちらにもつけず、思いなやむこと。
ア 板ばさみになる　イ 図に乗る

(2) 大げさなことを言い立てて、相手を惑わせること。
ア 当てつけ　イ 煙に巻く

(3) はっきりしていて明らかなこと。
ア 著しい　イ 矢面に立つ

(4) 身近なことには案外気がつかないことのたとえ。
ア 灯台下暗し　イ うどの大木

(5) 何に出くわすか予測できないことのたとえ。
ア 鬼が出るか蛇が出るか　イ 道草を食う

(6) ひかえめでつつましい様子。
ア 謙虚　イ 軽視

(7) 先入観を持ってものごとを見ることのたとえ。
ア 異色　イ 色眼鏡

(8) 愛想がない。
ア ざっくばらん　イ すげない

2 3ページの答え

1 (1) ア (2) イ (3) ア (4) ウ (5) イ

2 (1) ア (2) ウ (3) イ (4) ア (5) ア (6) イ

4 16〜19ページの復習
新しい語句を覚えよう④

学習日　／

復習 1

ヒントの□に合う言葉になるように、A〜Hにひらがなを書きましょう。

	(1) ふ									
	み				(3) し			(4) こ		
(5) え	ん	の	(2) F	た	D	ち	か	B	A	ち
	G		さ		E			C		
	き				を			る		
	ゆ				け					
(6) す	H	こ	う		ず					
					る					

縦のヒント

(1) □で働くなんて、効率が悪い。

(2) 予定が変わる可能性を□する。

(3) ライバルと□。

(4) なみだを□。

横のヒント

(5) 彼は目立たないが□だ。

(6) 山の□な美しさ。

新しい語句④ 2

意味に合う言葉になるように、□に入る生き物の名前を□から選び、記号を書きましょう。

(1) 一度信じれば、どんなものでもありがたく思える。
□の頭も信心から

(2) 気が合う。
□が合う

(3) たくさんの人が散り散りになってにげる様子のたとえ。
□の子を散らす

(4) 不運や不幸が重ねて起こることのたとえ。
泣きっ面に□

(5) 本当にすぐれた人はそれをひけらかしたりしない。
能ある□は爪を隠す

(6) その場にいる人たちがすぐに従う、力のある人の一言。
□の一声

㋐ 鰯　㋑ 蜂　㋒ 鷹　㋓ くも　㋔ 馬　㋕ 鶴

3 4ページの答え

1 (1) ㋑ (2) ㋐ (3) ㋐ (4) ㋐ (5) ㋑

2 (1) ㋐ (2) ㋑ (3) ㋐ (4) ㋐ (5) ㋐ (6) ㋐ (7) ㋑ (8) ㋑

5 20～23ページの復習 新しい語句を覚えよう⑤

学習日　／

復習 1

――線部の言葉と似た意味の言葉を［　］から選び、□に記号を書きましょう。

(1) 自分の将来に対して、**根本的な考え方**が変わった。 □

(2) 二人は**とげとげしい様子**で、今にもけんかしそうだ。 □

(3) **とても素早い動作**でシュートを打ち、点を決めた。 □

(4) 母は**知り合いが多い**ので、毎年年賀状をたくさん書く。 □

(5) 迷い犬になつかれて、**どうしてよいかわからない**。 □

(6) あの教授は、社会学の有名な**専門家**だ。 □

(7) お昼時になるとお店が混むので、**とてもいそがしく、だれでもいいから手伝ってほしい**。 □

㋐ 当惑　㋑ 猫の手も借りたい　㋒ 理念　㋓ 顔が広い　㋔ エキスパート　㋕ 険悪　㋖ 電光石火

新しい語句⑤ 2

(1)～(9)の意味に合う言葉を㋐～㋘から選び、線でつなぎましょう。

(1) まちがいや悪い点を改めるように言う。 ・　　・ ㋐ そねむ

(2) 人をうらやんで憎む。 ・　　・ ㋑ たしなむ

(3) 好んで親しむ。 ・　　・ ㋒ いさめる

(4) ものごとが思い通りに進まない。 ・　　・ ㋓ うつむく

(5) 自分の思った通りに作らせる。 ・　　・ ㋔ 見まがう

(6) ものごとがもつれてうまく進まなくなる。 ・　　・ ㋕ あつらえる

(7) 顔を下に向ける。 ・　　・ ㋖ 滞る

(8) 見まちがえる。 ・　　・ ㋗ こじれる

(9) 水や液体につける。 ・　　・ ㋘ ひたす

4 5ページの答え

1 A も　B ら　C え　D の　E ぎ　F し　G ふ　H う

2 (1) ㋐ (2) ㋔ (3) ㋓ (4) ㋑ (5) ㋒ (6) ㋕

6 30～33ページの復習 新しい語句を覚えよう⑥

学習日 ／

復習 1

□に当てはまる言葉を［　］から選び、□に記号を書きましょう。

(1) 扉を開けると□おどろきの光景が広がっていた。

(2) 海外留学で□にふれる。

(3) 自分ならできると□をかけて、試験にのぞむ。

(4) 一時間目のチャイムが鳴ると□に静かになった。

(5) 落とし物を探して□。

(6) 話を聞いている途中で□して失敗する。

(7) たがいを知りつくした幼なじみを□のは難しい。

［㋐ 異文化　㋑ 暗示　㋒ 水を打ったよう
㋓ 早合点　㋔ あざむく　㋕ 目を疑う
㋖ 目を皿のようにする］

新しい語句⑥ 2

次の意味に合う言葉を選び、記号に○をつけましょう。

(1) おどろきのあまり立ち上がれなくなる。
㋐ **腰をぬかす**　㋑ **歯がうくよう**

(2) ひどく貧しい生活を送る。
㋐ **つむじを曲げる**　㋑ **爪に火をともす**

(3) 面倒くさがらず努力する。
㋐ **骨を折る**　㋑ **眉をひそめる**

(4) 同じ程度の力量で、優劣に差がないこと。
㋐ **相対的**　㋑ **互角**

(5) 少しも乱れやずれがなく、そろっていること。
㋐ **一糸乱れず**　㋑ **あとは野となれ山となれ**

(6) 人々に正しい知識をあたえ、よい方向へ導くこと。
㋐ **聞くは一時の恥聞かぬは一生の恥**　㋑ **啓蒙**

(7) 意地を張ること。
㋐ **意固地**　㋑ **横着**

(8) 絶え間なく続くこと。
㋐ **とどのつまり**　㋑ **のべつまくなし**

5 6ページの答え

1 (1) ㋒ (2) ㋕ (3) ㋖ (4) ㋓ (5) ㋐ (6) ㋔ (7) ㋑

2 (1) ㋒ (2) ㋐ (3) ㋑ (4) ㋖ (5) ㋕ (6) ㋗ (7) ㋓ (8) ㋔ (9) ㋘

7 34・35ページの復習 新しい語句を覚えよう⑦

学習日 ／

復習

1 文に合う言葉を選び、記号に○をつけましょう。

(1) アニメに登場する探偵が泥棒を［ア 放心　イ 目の敵　ウ 瀬戸際］にしている。

(2) 引っ越しして、慣れない環境に［ア 戸惑う　イ 見まがう　ウ たしなむ］。

(3) 力を合わせて困難な状況を［ア 図星　イ 打開　ウ 着目］する。

(4) ［ア 骨が折れる　イ 一線を画す　ウ 善は急げ］と言うように、さっそく実行しよう。

(5) いつの間にか［ア 尾ひれがついた　イ 矢面に立つ　ウ 反りが合わない］うわさ話が広がっていた。

新しい語句⑦

2 次の四字熟語の意味に合うものを選び、記号に○をつけましょう。

(1) 勧善懲悪
- ア 人は、よい面と悪い面の両方を持っていること。
- イ よい行いをすすめて、悪い行いをいましめること。

(2) 疑心暗鬼
- ア 夜になるとあの世とこの世がつながること。
- イ 一度疑うと、どんなことでも信じられなくなること。

(3) 急転直下
- ア とつぜん様子が変わって、結末に向かうこと。
- イ よいことがあったあとに、悪いことが起こること。

(4) 時代錯誤
- ア 考え方や行動が、時代おくれで古いこと。
- イ 古いものと新しいものが入り混じること。

(5) 一刀両断
- ア 思い切りよくものごとを解決すること。
- イ 目標を一つにしぼってまっすぐ進むこと。

(6) 難攻不落
- ア せめるのが難しく、簡単にせめ落とせないこと。
- イ 高い場所から落ち、もとの場所に戻れないこと。

(7) 竜頭蛇尾
- ア 力強さとしなやかさをあわせ持つこと。
- イ 初めの勢いはさかんでも、終わりはふるわないこと。

---

6 7ページの答え

1 (1) カ (2) ア (3) イ (4) ウ (5) キ (6) エ (7) オ

2 (1) ア (2) イ (3) ア (4) イ (5) ア (6) イ (7) ア (8) イ

8 36・37ページの復習 新しい語句を覚えよう⑧

学習日 ／

復習 1 次の言葉を正しい意味で使っている文を選び、記号に○をつけましょう。

(1) 不憫
㋐ 遠足にお菓子を忘れてきた友だちが不憫でならない。
㋑ テストで百点を取れるように不憫に努力した。

(2) いたいけ
㋐ 女の子が電車に向かっていたいけに手をふる。
㋑ 祖父がいたいけに柿をほおばる。

(3) 九死に一生を得る
㋐ 九死に一生を得るほど、楽しく生きる。
㋑ 川に落ちたが、九死に一生を得た。

(4) 胸がいっぱいになる
㋐ 難しい計算問題に取り組んで、胸がいっぱいになる。
㋑ 誕生日を祝ってもらって、胸がいっぱいになる。

(5) 安堵
㋐ 安堵を確認して、横断歩道をわたる。
㋑ ピアノの発表会が無事に終わって安堵する。

新しい語句⑧ 2 (1)～(8)は[　]の中のどの言葉の説明ですか。選んで□に記号を書きましょう。

(1) あることを成しとげるために仲間が団結する。 □
(2) とても散らかっていること。 □
(3) 苦しさにたえられなくて弱音をはく。 □
(4) 性格に裏表がなくさっぱりしている様子。 □
(5) 調子づいてやりすぎたり、失敗したりすること。 □
(6) まったく筋の通らない説明。 □
(7) 人の不幸などが自分にも起こっているように、切実に感じられる。 □
(8) ものごとが起こりそうな気配。 □

㋐ 足の踏み場もない　㋑ 身につまされる
㋒ 音を上げる　㋓ 徒党を組む　㋔ 兆し
㋕ 竹を割ったよう　㋖ 勇み足　㋗ 屁理屈

---

7 8ページの答え

1 (1) ㋑ (2) ㋐ (3) ㋑ (4) ㋒ (5) ㋐
2 (1) ㋑ (2) ㋑ (3) ㋐ (4) ㋐ (5) ㋐ (6) ㋐ (7) ㋑

9 38・39ページの復習 新しい語句を覚えよう⑨

学習日 ／

復習 1 □に当てはまる言葉を選び、記号を書きましょう。

(1) 列に並んでいたのに横入りされて□。
ア 板ばさみになる　イ 爪に火をともす　ウ 憤る

(2) もうけを□して、キャベツの値段をつける。
ア 度外視　イ 啓蒙　ウ おしなべて

(3) 食べきれないほど買ってしまって、食材を□。
ア うのみにする　イ くすねる　ウ もてあます

(4) しりもちをついたところを友だちに見られて□。
ア かまをかける　イ いたたまれない　ウ だめを押す

(5) 道に迷った先で素晴らしい景色を見られた。□だ。
ア 十人十色　イ けがの功名　ウ とどのつまり

新しい語句⑨ 2 意味に合う言葉になるように、□に入る体の部分の名前を⬚から選び、記号を書きましょう。

(1) 人の言いまちがえや言葉じりを取り上げて困らせる。
上げ□を取る

(2) 自分より実力のある人に練習の相手をしてもらう。
□を借りる

(3) 自分の知らないところで悪口を言われる。
後ろ□をさされる

(4) はじをかかせる。
□に泥をぬる

(5) よいものをたくさん見て、価値を見分ける力がつく。
□が肥える

(6) 人の強い心やものごとの大切な部分が失われること。
□抜きにされる

ア 顔　イ 目　ウ 足　エ 胸　オ 指　カ 骨

8 9ページの答え

1 (1) ア (2) ア (3) イ (4) イ (5) イ

2 (1) エ (2) ア (3) ウ (4) カ (5) キ (6) ク (7) イ (8) オ

10 40～43ページの復習 新しい語句を覚えよう⑩

学習日 ／

復習 1

ヒントの□に合う言葉になるように、A～Hにひらがなを書きましょう。

縦のヒント

(1) 髪から水が□。
(2) 英雄の□銅像。
(3) 近所の下級生を□。

					(2)い					
					さ		(3)め			
					(4) C	た	A	か	け	る
					し		か			
(5)こ	う	ご	F	(1) D	い		B			
				た			る			
(6) H	G	か	い	E	も	ち				
				る						

横のヒント

(4) 世界を□冒険家。
(5) 樹齢百年の□樹木。
(6) どんな計画でも実現できなきゃ□だ。

新しい語句⑩ 2

次の言葉の意味に合うものを選び、記号に○をつけましょう。

(1) **郷に入っては郷に従え**
㋐ 旅先の土地では、気の向くままに行動するとよい。
㋑ よその土地では、そこの風習を尊重して従うとよい。

(2) **長い物には巻かれろ**
㋐ 二つから一つを選ぶときは、大きいほうを選ぶとよい。
㋑ 強い権力を持つ人には逆らわないほうが得だ。

(3) **情けは人のためならず**
㋐ 人に親切にすれば、やがて自分のためにもなる。
㋑ 情けをかけて助けても、その人のためにならない。

(4) **人のふり見て我がふり直せ**
㋐ 尊敬する人のまねをして、正しい技術を身につけよ。
㋑ 人の行動を見て自分をふり返り、悪いところは改めよ。

(5) **馬子にも衣装**
㋐ どんな人でも着かざることで立派に見えることのたとえ。
㋑ 人目を気にせず、好きなようにかざること。

(6) **心臓に毛が生えている**
㋐ とてもめずらしい。
㋑ 怖いもの知らず。

(7) **塵も積もれば山となる**
㋐ 小さなものでも、積み重なると大きなものになる。
㋑ 人の力によって、自然の様子を変えること。

9 10ページの答え

1 (1) ㋒ (2) ㋐ (3) ㋒ (4) ㋑ (5) ㋑
2 (1) ㋒ (2) ㋓ (3) ㋔ (4) ㋐ (5) ㋑ (6) ㋕

11 50・51ページの復習 新しい語句を覚えよう⑪

学習日 ／

復習 **1** 次の言葉を正しい意味で使っている文を選び、記号に○をつけましょう。

(1) **呆然**
㋐ ケーキ作りで、塩と砂糖を入れまちがえて呆然とする。
㋑ 明日のテストで満点を取りたいので、呆然と勉強する。

(2) **やるせない**
㋐ 大好きな曲を聞いて、気分をやるせなくする。
㋑ 学校に通えない子どもがいると聞き、やるせない思いだ。

(3) **鼻が高い**
㋐ 先生にも平気で文句を言えるほど鼻が高い。
㋑ チームメイトがプロ選手になって、私も鼻が高い。

(4) **気に病む**
㋐ ドッジボールで友だちにけがをさせてしまい、気に病む。
㋑ 天気がいいので、気に病むまで思い切り公園で遊ぶ。

(5) **つまびらか**
㋐ 修学旅行の予定は、しおりにつまびらかに書いてある。
㋑ 誕生日会の計画を、本人にはつまびらかにかくす。

新しい語句⑪ **2** (1)～(9)の意味に合う言葉を㋐～㋗から選び、線でつなぎましょう。

(1) 根拠のないことを言いふらし人の名誉を傷つけること。 ・　　・ ㋐ **焦点**
(2) どうしても成しとげたいと思っている大きな願い。 ・　　・ ㋑ **早計**
(3) 全体がほどよくつり合い、まとまっていること。 ・　　・ ㋒ **丹念**
(4) 早まった考え。 ・　　・ ㋓ **中傷**
(5) 念入りに行うこと。 ・　　・ ㋔ **悲願**
(6) 必ずそうなること。 ・　　・ ㋕ **卑屈**
(7) 注目されたり、人々の関心が集まるところ。 ・　　・ ㋖ **必至**
(8) ひどく腹を立てること。 ・　　・ ㋗ **憤慨**
(9) 心がいじけていて、必要以上に自分をいやしめること。 ・　　・ ㋘ **調和**

10 11ページの答え

1 Aに Bけ Cま Dし Eた Fう Gに Hえ

2 (1)㋑ (2)㋑ (3)㋐ (4)㋑ (5)㋐ (6)㋑ (7)㋐

新しい語句を覚えよう⑫

学習日 ／

復習 1

□に当てはまる言葉を［　］から選び、記号を書きましょう。

(1) だれかを□ような人のことは好きになれない。

(2) どんな難事件でも□に解決する探偵。

(3) かくれんぼをしていて、オニの足音がしたので□。

(4) 友だちに言われたことは、まさに□だ。

(5) 図鑑には、□ような知識がたくさん書いてあった。

(6) パトカーのサイレンを聞いて、□が集まってきた。

㋐ 図星　㋑ あざける　㋒ 野次馬
㋓ 息を殺す　㋔ たちどころ
㋕ 目からうろこが落ちる

新しい語句⑫ 2

(1)〜(6)の意味になるように、□に当てはまる漢字を［　］から選んで書きましょう。

(1) ものごとを大げさに言うこと。
針□棒□

(2) ものごとの影響が一点からだんだんと広がっていくこと。
□及

(3) 人のことにいそがしくて、自分のことには手が回らないことのたとえ。
紺屋の□袴

(4) 一つの行動で二つの目的を達成すること。
一□二□

(5) 困難で苦労する。
□が折れる

(6) ものごとの根拠や証拠などがまったくない。
□も□もない

大　小　鳥　根　葉　波　石　骨　白

---

11 12ページの答え

1 (1) ㋐ (2) ㋑ (3) ㋑ (4) ㋐ (5) ㋐

2 (1) ㋓ (2) ㋔ (3) ㋗ (4) ㋑ (5) ㋒ (6) ㋖ (7) ㋐ (8) ㋘ (9) ㋕

13 56・57ページの復習 新しい語句を覚えよう⑬

学習日 ／

復習 1

次の言葉を正しい意味で使っている文を選び、記号に○をつけましょう。

(1) **プライバシー**
㋐ 彼女はだれとでもすぐ打ち解けるプライバシーな人だ。
㋑ 保健室の先生は、プライバシーを守ってくれる。

(2) **不快**
㋐ 父はバイオリンを練習中で、ときおり不快な音がする。
㋑ 提出した作文に不快があり、なんとか書き直したい。

(3) **みっともない**
㋐ 新しく買ったバッグはみっともなくて素敵だ。
㋑ 試合に負けて、言いわけをするのはみっともない。

(4) **口が重い**
㋐ 運動会で大声を出しすぎたので、口が重い。
㋑ 遠足がゆううつなのか、遠足の話になると口が重い。

(5) **ばつが悪い**
㋐ くじではずれを引いたら、ばつが悪かっただけだとなぐさめられた。
㋑ 林間学校の班に仲のよい子がいなくてばつが悪い。

新しい語句⑬ 2

次の意味に合う言葉はどちらですか。合うほうを選んで、迷路を進みましょう。

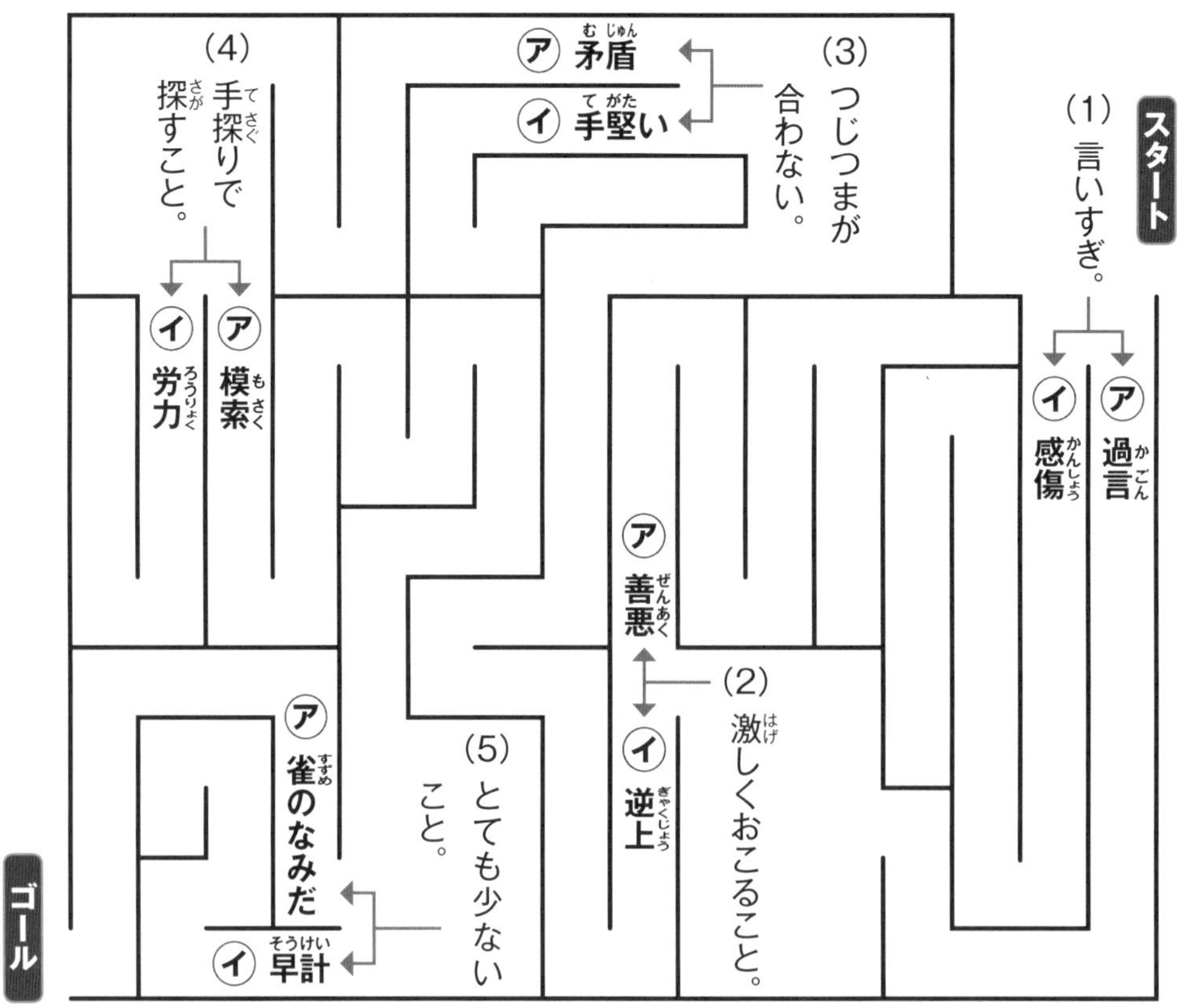

---

12 13ページの答え

1 (1) ㋑ (2) ㋔ (3) ㋓ (4) ㋐ (5) ㋕ (6) ㋒

2 (1) 小、大 (2) 波 (3) 白 (4) 石、鳥 (5) 骨 (6) 根、葉

14 58・59ページの復習 新しい語句を覚えよう⑭

学習日 ／

復習

1 □に当てはまる言葉を選び、記号を書きましょう。

(1) 美術館には□ような美しい器が展示されていた。
ア **底をつく**　イ **一山当てる**　ウ **目を見張る**

(2) 目の前で急にハトが飛び立ち□とした。
ア **きょとん**　イ **ざっくばらん**　ウ **猫の額**

(3) 友だちはオセロが得意で、その強さは大人にも□。
ア **足を洗う**　イ **上げ足を取る**　ウ **引けを取らない**

(4) 夏の水泳大会に向けて、□して練習する。
ア **折衷**　イ **奮起**　ウ **波及**

(5) さいふを忘れてゲームが買えず、□だ。
ア **青菜に塩**　イ **悲願**　ウ **雀の涙**

新しい語句⑭

2 次の言葉の意味に合うものを選び、記号に○をつけましょう。

(1) **雨降って地固まる**
ア もめごとが起きたあと、以前よりよい状態になる。
イ いやなことが重なって起こる。

(2) **案ずるより産むが易し**
ア 言うだけなら簡単だが、実行するのは大変だ。
イ あれこれ心配するより実行してみれば案外たやすい。

(3) **鬼に金棒**
ア 強いものに何かが加わり、さらに強くなること。
イ 想像していた通りであること。

(4) **後悔先に立たず**
ア 過ぎたことをくやんでも、取り返しはつかない。
イ くやむ結果になるのが、目に見えている。

(5) **三人寄れば文殊の知恵**
ア 三人いれば一人はその道に向いている者がいるものだ。
イ ごく普通の者でも三人集まればよい知恵が出るものだ。

(6) **石の上にも三年**
ア がまん強く続ければ必ず成功することのたとえ。
イ じっくりと時間をかけて考えること。

(7) **一山当てる**
ア 当てずっぽうで正解を導き出す。
イ 運よく成功して、大きな利益を得る。

---

13 **14ページの答え**

1 (1) イ (2) ア (3) イ (4) イ (5) イ
2 (1) ア (2) イ (3) ア (4) ア (5) ア

15 60～63ページの復習 新しい語句を覚えよう⑮

学習日　／

復習 **1** □に当てはまる言葉を［　］から選び、記号を書きましょう。

(1) 漁師の祖父は、長年の経験から天気の変化に目ざとい。まさに□だ。

(2) 下級生にろうかで走っちゃいけない理由を□。

(3) テスト中におしゃべりするなんて、□だ。

(4) ハチの巣があるから回り道をしよう。□と言うからね。

(5) あの人はすごく足が速いんだ。徒競走では□よ。

(6) □に近道しようとしたら、道に迷ってしまった。

㋐ 太刀打ちできない　㋑ 亀の甲より年の功
㋒ 君子は危うきに近寄らず　㋓ 軽はずみ
㋔ 諭す　㋕ もっての外

新しい語句⑮ **2** ——線部の言葉と同じ意味の文を選び、記号に○をつけましょう。

(1) 私が持っているのは**まがい物**の宝石だ。
㋐ 品質の悪い
㋑ 本物に似せて作られた
㋒ 最高品質の

(2) 電話**ないし**メールで連絡するね。
㋐ もしくは
㋑ ではなく
㋒ 両方で

(3) **杜撰**な計画では旅行を楽しめない。
㋐ よくばり
㋑ 細かい
㋒ いい加減

(4) クラスの中で**異彩を放つ**存在だ。
㋐ 際立って見える
㋑ 人に好かれる
㋒ 気づかいができる

(5) お風呂に入って**英気を養う**。
㋐ 気持ちを落ち着かせる
㋑ 活力をたくわえる
㋒ 清潔にする

(6) 勉強とサッカーの練習を**両立させる**。
㋐ どちらか一方に力を注ぐこと
㋑ どれもいい加減にやること
㋒ 二つが同時になりたつこと

14 15ページの答え

1 (1) ㋒ (2) ㋐ (3) ㋒ (4) ㋑ (5) ㋐
2 (1) ㋐ (2) ㋑ (3) ㋐ (4) ㋐ (5) ㋑ (6) ㋐ (7) ㋑

16 70〜73ページの復習
新しい語句を覚えよう⑯

学習日 ／

復習 **1** ヒントの□に合う言葉になるように、A〜Hにひらがなを書きましょう。

(3)ひ	と	F	じ	E	わ	で	は	い	(1)A	な	い
									お		
	(4)G	い	き	ょ	に	(2)C	と	ま	B	な	い
						た			う		
						に			れ		
						つ			る		
(5)て	H	す	ね	を	ひ	D					

縦のヒント

(1) コント大会で優勝して□。

(2) あと一年ほど修業すれば□だろう。

横のヒント

(3) 難しい問題だから□。

(4) 彼の長所は□。

(5) 今か今かと□。

新しい語句⑯ **2** 次の意味に合う言葉を選び、記号に○をつけましょう。

(1) 法律に違反していないこと。
㋐ **合法**　㋑ **面の皮が厚い**

(2) 急に態度を変え、今までと正反対の対応をする様子。
㋐ **手のひらを返す**　㋑ **灰汁が強い**

(3) 強がりや負けおしみから勝手なことを言う。
㋐ **減らず口をたたく**　㋑ **お鉢が回る**

(4) 意地が悪く、心の中で悪いことをたくらんでいること。
㋐ **腹が黒い**　㋑ **海千山千**

(5) 人の好みや意見は、それぞれちがっているということ。
㋐ **道草を食う**　㋑ **十人十色**

(6) きつくしかったりして、こらしめる。
㋐ **お灸をすえる**　㋑ **だめを押す**

(7) 情報を得るために、言葉たくみに問いかける。
㋐ **筆が立つ**　㋑ **かまをかける**

(8) 苦労をいとわずに取り組む。
㋐ **親のすねをかじる**　㋑ **身を粉にする**

---

15 **16ページの答え**

1 (1) ㋑ (2) ㋔ (3) ㋕ (4) ㋒ (5) ㋐ (6) ㋓

2 (1) ㋑ (2) ㋐ (3) ㋒ (4) ㋐ (5) ㋑ (6) ㋒

17 74・75ページの復習
新しい語句を覚えよう⑰

学習日 ／

復習 1
次の言葉を正しい意味で使っている文を選び、記号に○をつけましょう。

(1) **入念**
ア 忘れ物をしないように、入念に旅行の準備をした。
イ 好きな声優が出ているテレビ番組を、入念して見る。

(2) **したり顔**
ア 夏休みの宿題を順調にこなせており、彼はしたり顔だ。
イ 友だちの弟が人見知りして、したり顔をしている。

(3) **重視**
ア 身長がのびた分、体重も重視していた。
イ ぼくのかかりつけ医は病気の予防を重視している人だ。

(4) **適材適所**
ア 適材適所で働いて、運動会の準備を早く終わらせよう。
イ 跳び箱は倉庫に入れて、適材適所に片づけよう。

(5) **箸にも棒にも掛からない**
ア 箸にも棒にも掛からないほど、彼はいらいらしている。
イ マンガの賞に挑戦したが、箸にも棒にも掛からなかった。

新しい語句⑰ 2
意味に合う言葉になるように、□に入る生き物の名前を□から選び、記号を書きましょう。

(1) 入浴にかける時間がとても短いこと。
□**の行水**

(2) 弱い者でも追いつめられると強い者に反撃することがある。
窮鼠□**をかむ**

(3) ねむっているふりをすること。
□**寝入り**

(4) 目的地で用事を済ますと、すぐに戻ってくること。
□**返り**

(5) その道の名人であっても、失敗をすることがある。
□**も木から落ちる**

(6) 長寿で、おめでたいこと。
□**は千年**□**は万年**

ア 猫　イ 亀　ウ とんぼ　エ 猿
オ 鶴　カ 狸　キ からす

---

16 17ページの答え

1 Aか Bが Cい Dく Eな Fす Gま Hぐ

2 (1) ア (2) ア (3) ア (4) ア (5) イ (6) ア (7) イ (8) イ

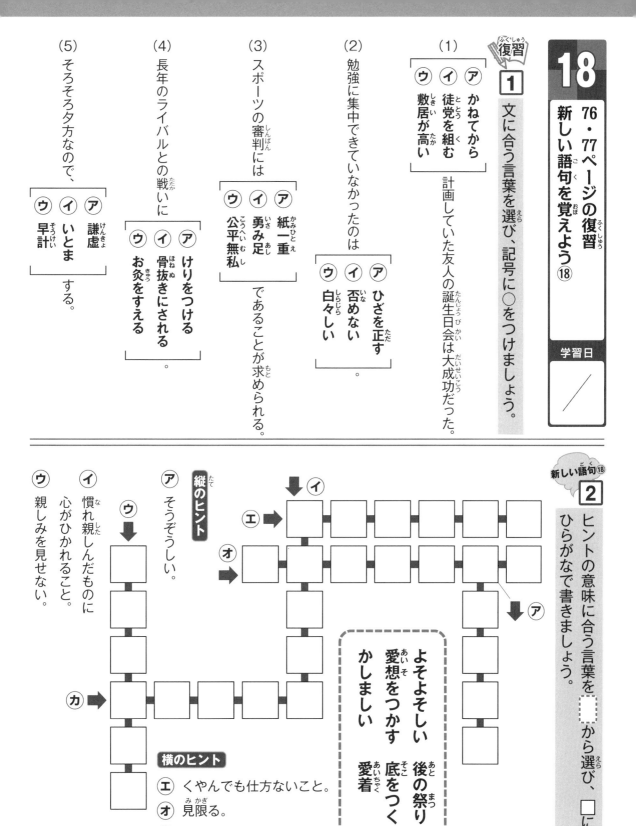

18 76・77ページの復習 新しい語句を覚えよう⑱

学習日 ／

復習

1 文に合う言葉を選び、記号に○をつけましょう。

(1) 〔ア かねてから　イ 徒党を組む　ウ 敷居が高い〕計画していた友人の誕生日会は大成功だった。

(2) 勉強に集中できていなかったのは〔ア ひざを正す　イ 否めない　ウ 白々しい〕。

(3) スポーツの審判には〔ア 紙一重　イ 勇み足　ウ 公平無私〕であることが求められる。

(4) 長年のライバルとの戦いに〔ア けりをつける　イ 骨抜きにされる　ウ お灸をすえる〕。

(5) そろそろ夕方なので、〔ア 謙虚　イ いとま　ウ 早計〕する。

新しい語句⑱

2 ヒントの意味に合う言葉を［　］から選び、□にひらがなで書きましょう。

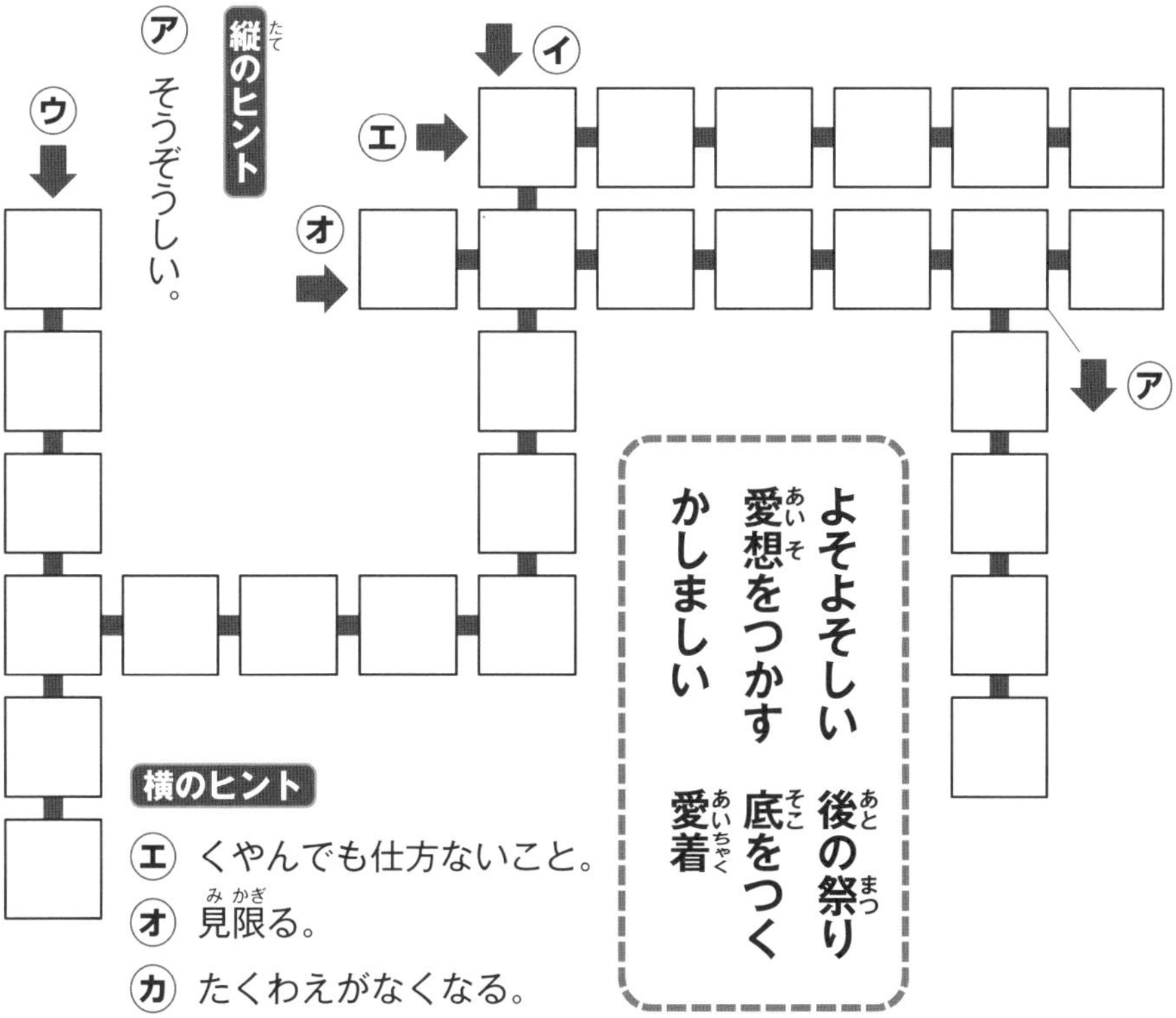

よそよそしい　後の祭り
愛想をつかす　底をつく
かしましい　愛着

縦のヒント

ア そうぞうしい。

イ 慣れ親しんだものに心がひかれること。

ウ 親しみを見せない。

横のヒント

エ くやんでも仕方ないこと。

オ 見限る。

カ たくわえがなくなる。

17 18ページの答え

1 (1) ア (2) ア (3) イ (4) ア (5) イ

2 (1) キ (2) ア (3) カ (4) ウ (5) エ (6) オ、イ

19 78～81ページの復習 新しい語句を覚えよう⑲

学習日 ／

復習 1 □に当てはまる言葉を選び、記号を書きましょう。

(1) 優勝者は、□ように歩いて賞状を受け取りに行った。
㋐ 肩で風を切る　㋑ 道草を食う　㋒ 足をすくう

(2) 彼の□ような物言いは、何かかくしているようだ。
㋐ 焼き餅を焼く　㋑ 奥歯に物がはさまる　㋒ 音を上げる

(3) 果物が好きで、その中でも□リンゴが好きだ。
㋐ ことさら　㋑ 馬が合う　㋒ 口がかたい

(4) 君たちは、よく話して□必要があると思うよ。
㋐ こじれる　㋑ あごで使う　㋒ 腹を割る

(5) この小説の犯人がだれなのか、□気づく。
㋐ まじまじ　㋑ すくすく　㋒ うすうす

新しい語句⑲ 2 次の意味に合う言葉を選び、記号に○をつけましょう。

(1) ある人やものごとのちょっとした面白い話。
㋐ エピソード　㋑ ジャンクフード

(2) 実際に見ても本当のことだと信じられないと思う。
㋐ 耳を疑う　㋑ 弱り目にたたり目

(3) ものごとが起こるまで、あと少ししか時間がない。
㋐ 秒読みに入る　㋑ 武士は食わねど高楊枝

(4) 思いやる気持ちがないこと。
㋐ 誠実　㋑ 薄情

(5) あきっぽく、長続きしないこと。
㋐ 他力本願　㋑ 三日坊主

(6) 人を利用して、自分は何もしないで利益を得る。
㋐ 財布のひもがゆるむ　㋑ あまい汁を吸う

(7) かくしたことや、ごまかしたことが見つかる。
㋐ 身を砕く　㋑ しっぽを出す

(8) 気持ちが通じ合う。
㋐ 心が通う　㋑ 手綱を締める

18 19ページの答え

1 (1) ㋐ (2) ㋑ (3) ㋒ (4) ㋐ (5) ㋑

2 ㋐ かしましい ㋑ あいちゃく ㋒ よそよそしい ㋓ あとのまつり ㋔ あいそをつかす ㋕ そこをつく

20 82〜85ページの復習 新しい語句を覚えよう⑳

学習日 ／

復習 **1** ——線部の言葉と似た意味の言葉を［ ］から選び、□に記号を書きましょう。

(1) **いろいろ苦労して**、ついに完成した。 □

(2) 今日の遠足は雨で中止だ。**どうにもできない**ね。 □

(3) **こうしてほしいと思うこと**を先生に伝える。 □

(4) ダムに**あふれそうなほどたくさん**水が貯まっている。 □

(5) **ぼんやりと**した不安がある。 □

(6) **その場しのぎで覚えた知識**では合格できない。 □

(7) 宿題を**いやがってなかなかやらない**。 □

(8) 図工の作品作りで、**いい加減にやる**。 □

㋐ 苦心　㋑ 渋る　㋒ 付け焼き刃
㋓ 要望　㋔ 手を抜く　㋕ なみなみ
㋖ 漠然と　㋗ にっちもさっちもいかない

新しい語句⑳ **2** 次の四字熟語の意味に合うものを選び、記号に○をつけましょう。

(1) **不撓不屈**
㋐ 強い意志を持ち、どんな困難にもくじけないこと。
㋑ 困難の中で、泣く泣く自分の信念を曲げること。

(2) **満場一致**
㋐ どこに行っても多数派の意見であること。
㋑ その場所にいる全員の意見が同じであること。

(3) **臨機応変**
㋐ 場合によって、対応を適切に変えること。
㋑ 機会をのがさず挑戦し、変わり続けること。

(4) **有名無実**
㋐ 名は広く知られているが、実質がともなわないこと。
㋑ 実力をつけるには、よい師匠のもとで学ぶことが大切。

(5) **右往左往**
㋐ 右へ進んでも左へ進んでも結局は同じ場所へ着くこと。
㋑ 混乱し、あたふたと右に行ったり左に行ったりすること。

(6) **起死回生**
㋐ どうにもならない状態から、よい状態に立ち直らせること。
㋑ 敵対していた人に助けられ、困難に打ち勝つこと。

(7) **馬耳東風**
㋐ 草原で風に吹かれるように、気持ちがよいこと。
㋑ 人の意見や評判を心にとめず、聞き流すこと。

19 20ページの答え

1 (1) ㋐ (2) ㋑ (3) ㋐ (4) ㋒ (5) ㋒

2 (1) ㋐ (2) ㋐ (3) ㋐ (4) ㋑ (5) ㋑ (6) ㋑ (7) ㋑ (8) ㋐

21 92～95ページの復習
新しい語句を覚えよう㉑

学習日 ／

復習 **1** □に当てはまる言葉を□から選び、記号を書きましょう。

(1) 戦国武将が敵国の□を全力でせめる。

(2) □の新作ゲームを手に入れた。

(3) 母親の□を聞いて、朝ごはんをしっかり食べる。

(4) 計画を立てずに旅行に来たので□だ。

(5) 植物の観察で、葉の形に□する。

(6) 新しい法律ができるときは、□するための期間がある。

㋐ 要所　㋑ 周知　㋒ 待望　㋓ 助言
㋔ 行き当たりばったり　㋕ 着目

新しい語句㉑ **2** 次の意味に合う言葉はどちらですか。合うほうを選んで、迷路を進みましょう。

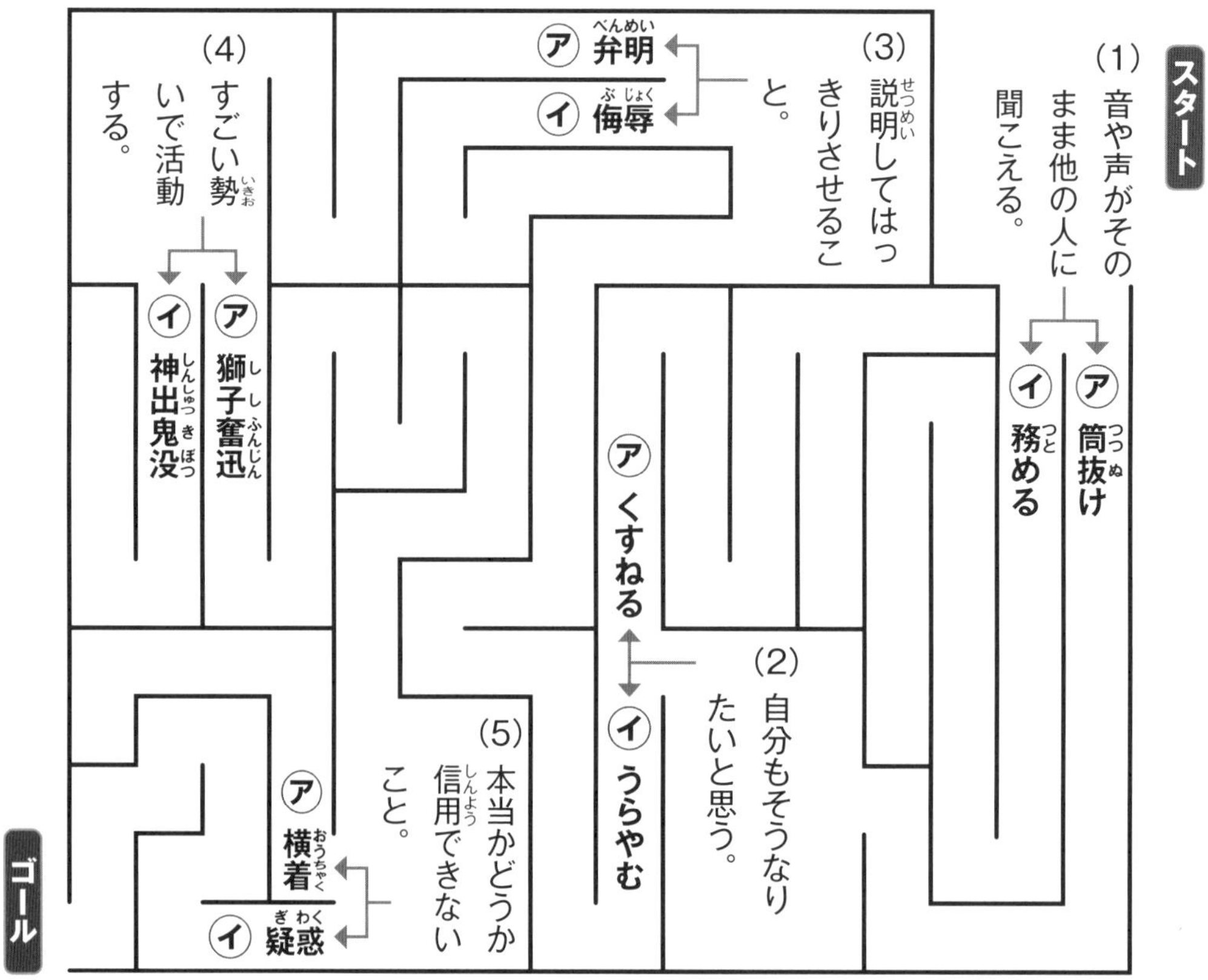

20 21ページの答え

1 (1) ㋐ (2) ㋗ (3) ㋓ (4) ㋕ (5) ㋖ (6) ㋒ (7) ㋑ (8) ㋔

2 (1) ㋐ (2) ㋑ (3) ㋐ (4) ㋐ (5) ㋑ (6) ㋐ (7) ㋑

22 96・97ページの復習 新しい語句を覚えよう㉒

学習日 ／

復習 **1** 次の言葉を正しい意味で使っている文を選び、記号に○をつけましょう。

(1) **急がば回れ**
㋐ 急がば回れ、明日からがんばろう。
㋑ 急がば回れ、何ごともこつこつとやっていこう。

(2) **あわよくば**
㋐ あわよくば休み時間に別のクラスの友人と会いたい。
㋑ みんなの期待を背負って、あわよくばやりとげる。

(3) **腹を読む**
㋐ おやつを食べたいから腹を読む。
㋑ 本音を語らない彼女の腹を読む。

(4) **お茶をにごす**
㋐ 転校するので、友人関係にお茶をにごす。
㋑ 話したくないことばかり聞かれて、お茶をにごした。

(5) **肩を落とす**
㋐ ひいきの棋士が対局で負けてしまって肩を落とす。
㋑ 次の試合に向けて、肩を落として意気ごむ。

新しい語句㉒ **2** 意味に合う言葉になるように、▢に記号を書きましょう。▢から漢字を選び、

(1) 弱者を踏みつけにして強者が栄えること。
▢肉▢食

(2) 幼いころからの友だち。
▢**馬の友**

(3) 目的のためにあちこちいそがしく走り回ること。
▢**奔**▢**走**

(4) 家族や国、組織の支えとなっている人。
大▢**柱**

(5) まっさらな状態にする。
▢**紙に戻す**

(6) よりいっそう大げさにする。
▢**をかける**

㋐ 東　㋑ 西　㋒ 黒　㋓ 白　㋔ 強
㋕ 弱　㋖ 竹　㋗ 輪

---

21 22ページの答え

1 (1) ㋐ (2) ㋒ (3) ㋓ (4) ㋔ (5) ㋕ (6) ㋑
2 (1) ㋐ (2) ㋑ (3) ㋐ (4) ㋐ (5) ㋑

23 98・99ページの復習 新しい語句を覚えよう㉓

学習日 ／

復習 1 文に合う言葉を選び、記号に○をつけましょう。

(1) 彼は［ア 道草を食う　イ 非の打ちどころがない　ウ 四の五の言う］立派な人物だ。

(2) 思いがけないことに［ア 杜撰　イ 二の舞　ウ 動揺］がかくせない。

(3) ［ア 急転直下　イ 一心不乱　ウ 馬耳東風］に漢字を覚える。

(4) お年玉を使うのを［ア 徒労　イ 躊躇　ウ 丹念］する。

(5) いつも料理を作ってくれる両親を［ア 労る　イ いさめる　ウ 委ねる］。

新しい語句㉓ 2 次の意味に合う言葉を選び、記号に○をつけましょう。

(1) 相手のすきにつけ入って、失敗させる。
ア 足を洗う　イ 足をすくう

(2) ていねいな態度でいばらない。
ア 腰が抜ける　イ 腰が低い

(3) いばった態度で人に指図する。
ア ひざを正す　イ あごで使う

(4) 支払うお金が多くて、やりくりしがたい。
ア 首が回らない　イ そろばんをはじく

(5) 得意げになる。
ア 鼻にかける　イ 目から鼻へ抜ける

(6) 味方になったり、かばったりする。
ア 頭をつっこむ　イ 肩を持つ

(7) ものごとが次々に起こることのたとえ。
ア 猫の額　イ 雨後のたけのこ

(8) 安心することのたとえ。
ア 枕を高くする　イ 舌鼓を打つ

㉒ 23ページの答え

1 (1) イ (2) ア (3) イ (4) イ (5) ア

2 (1) カ、オ (2) キ (3) ア、イ (4) ウ (5) エ (6) ク

24 100～103ページの復習
新しい語句を覚えよう㉔

学習日 ／

復習 1
ヒントの□に合う言葉になるように、(1)～(6)にひらがなを書きましょう。

縦のヒント

(1) 簡単なテストだと□。

(2) 散歩をして□する。

(3) 意見を□に伝える。

横のヒント

(4) 人生の□。

(5) 監督が選手に□。

(6) 絵をほめられて□だ。

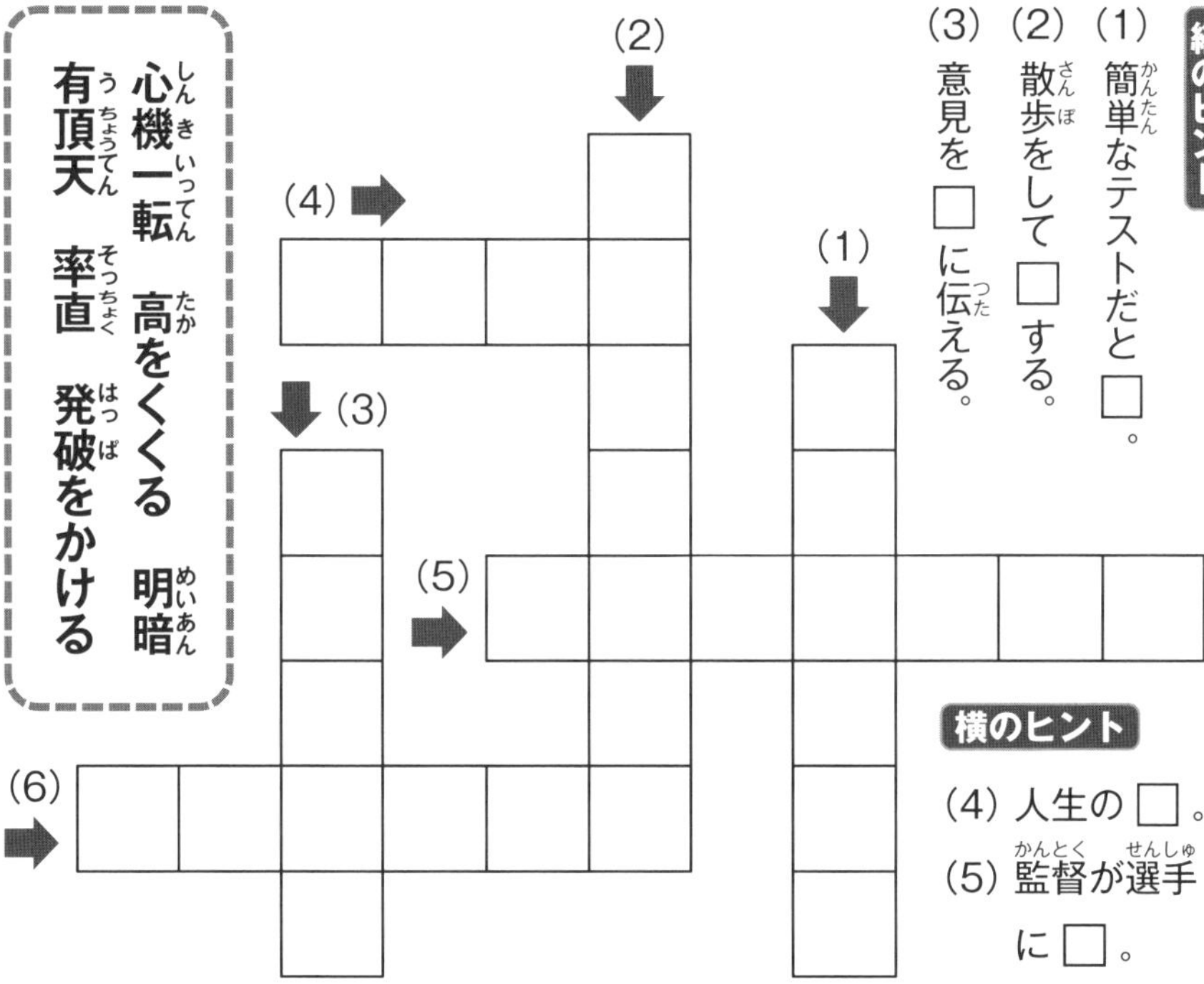

心機一転　高をくくる　明暗
有頂天　率直　発破をかける

新しい語句㉔ 2
意味に合う言葉になるように、[　]から数字を選び、□に漢字を書きましょう。

(1) いかに温和な人でも何度もひどいことをされればおこる。
仏の顔も□度

(2) とても待ち遠しいこと。
□日□秋

(3) 大きな差はなく、似たり寄ったりなこと。
五□歩□歩

(4) 痛みのあまり転げ回ること。
□転□倒

(5) あれこれ文句を言う。
□の□の言う

(6) だれかの失敗をくり返してしまうこと。
□の舞

一　二　三　四　五　七　八　十　百　千

---

23 24ページの答え

1 (1) イ (2) ウ (3) イ (4) イ (5) ア

2 (1) イ (2) イ (3) イ (4) ア (5) ア (6) イ (7) イ (8) ア

25 104～107ページの復習 新しい語句を覚えよう㉕

学習日 ／

復習

1 □に当てはまる言葉を選び、記号を書きましょう。

(1) ビルを建てるときは、□に土地の様子を調べる。
㋐ 意固地 ㋑ 異色 ㋒ 念入り

(2) 体調不良でマラソン大会を□した。
㋐ リタイア ㋑ エピソード ㋒ プロセス

(3) 食後は家族と□時間と決めている。
㋐ くつろぐ ㋑ 秒読みに入る ㋒ 枕を高くする

(4) ふと天を□と、流れ星を見ることができた。
㋐ 見まがう ㋑ うつむく ㋒ あおぐ

(5) どうして失敗したのか、□わからない。
㋐ 弁明 ㋑ 皆目 ㋒ 模索

新しい語句㉕

2 (1)～(9)の意味に合う言葉を㋐～㋘から選び、線でつなぎましょう。

(1) うらやましく思って憎む。
(2) あきたりつかれたりして、気力がない様子。
(3) いい加減なこと。
(4) つつしみがなく見苦しい。
(5) いつも願っていること。
(6) 本心でないことが見えすいている様子。
(7) よく似ていること。
(8) 程度がはなはだしくなること。
(9) わずかなちがい。

㋐ はしたない
㋑ げんなり
㋒ 疎か
㋓ 妬む
㋔ 念願
㋕ うりふたつ
㋖ 白々しい
㋗ 紙一重
㋘ 増長

24 25ページの答え

1 (1) たかをくくる (2) しんきいってん (3) そっちょく (4) めいあん (5) はっぱをかける (6) うちょうてん

2 (1) 三 (2) 一、千 (3) 十、百 (4) 七、八 (5) 四、五 (6) 二

26 114～117ページの復習 新しい語句を覚えよう㉖

学習日 ／

復習 **1** ――線部の言葉と似た意味の言葉を［ ］から選び、□に記号を書きましょう。

(1) ここだけの話、**心の中**では君を尊敬しているんだ。

(2) 不安が**顔つき**に表れている。

(3) **いろいろ試して、何回も失敗をした**が、ついに成功した。

(4) 卒業式にのぞむ姉の姿を**はっきり**と思い出す。

(5) 古い文学作品に**興味があり心をひかれている**。

(6) **前置きなし**に話すと、君に協力してほしいんだ。

(7) 双子の弟は勉強もスポーツも得意なので、ときどきぼくは**世間に顔向けできない**ように感じるよ。

㋐ 試行錯誤　㋑ 単刀直入　㋒ 面持ち　㋓ 関心　㋔ 内心　㋕ 立つ瀬がない　㋖ まざまざ

新しい語句㉖ **2** ヒントの意味に合う言葉を［ ］から選び、ひらがなで書きましょう。

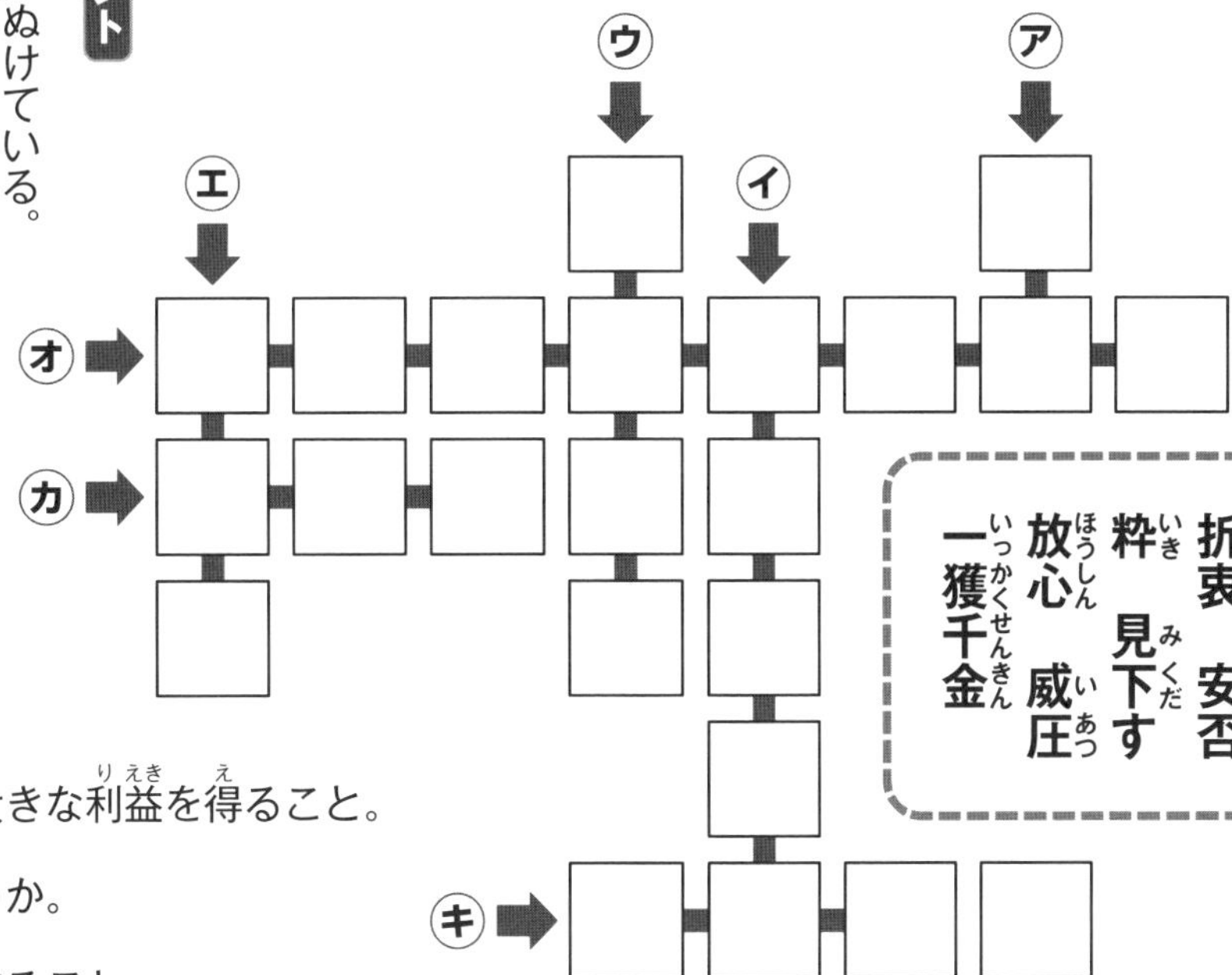

折衷　安否　粋　見下す　放心　威圧　一獲千金

縦のヒント

㋐ あかぬけている。

㋑ いいとこ取りして合わせること。

㋒ 相手をあなどり下に見る。

㋓ 威力や権力でおさえつけること。

横のヒント

㋔ 苦労せず大きな利益を得ること。

㋕ 無事かどうか。

㋖ ぼんやりすること。

25 26ページの答え

1 (1) ㋒ (2) ㋐ (3) ㋐ (4) ㋒ (5) ㋑

2 (1) ㋓ (2) ㋑ (3) ㋒ (4) ㋐ (5) ㋔ (6) ㋖ (7) ㋕ (8) ㋘ (9) ㋗

27 118〜121ページの復習 新しい語句を覚えよう㉗

学習日 ／

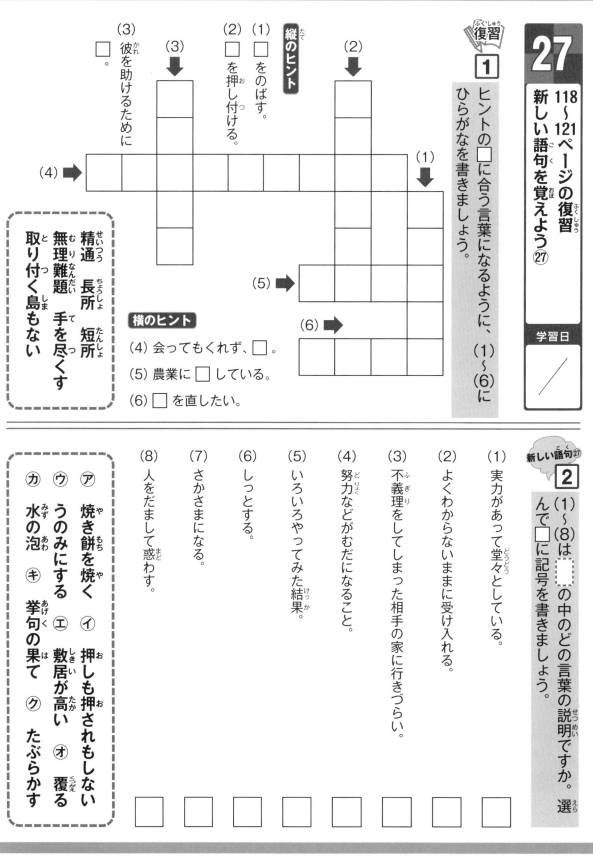

復習 **1** ヒントの□に合う言葉になるように、(1)〜(6)にひらがなを書きましょう。

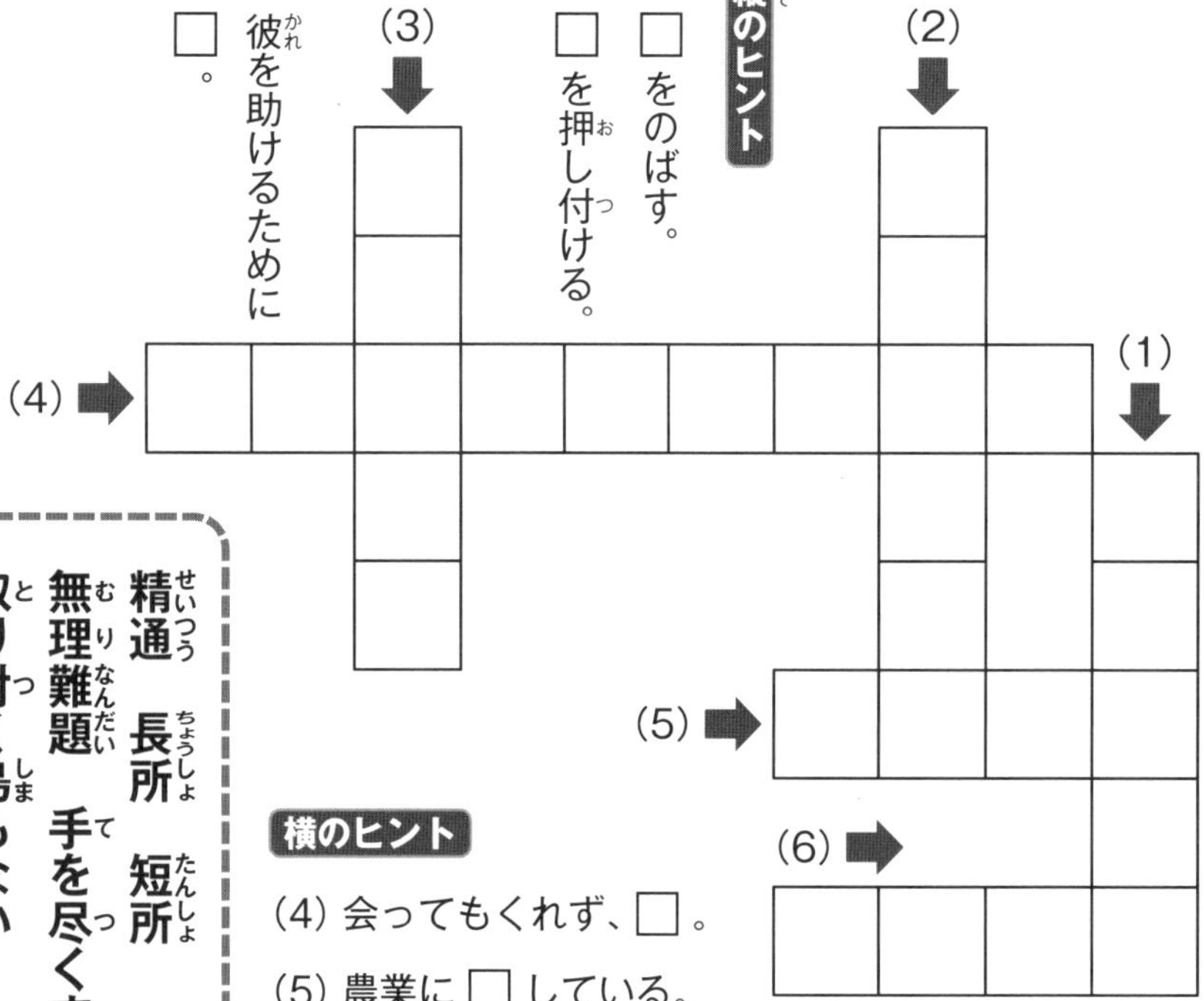

縦のヒント

(1) □をのばす。

(2) □を押し付ける。

(3) 彼を助けるために□。

横のヒント

(4) 会ってもくれず、□。

(5) 農業に□している。

(6) □を直したい。

精通　長所　短所
無理難題　手を尽くす
取り付く島もない

新しい語句㉗ **2** (1)〜(8)は□の中のどの言葉の説明ですか。選んで□に記号を書きましょう。

(1) 実力があって堂々としている。 □

(2) よくわからないままに受け入れる。 □

(3) 不義理をしてしまった相手の家に行きづらい。 □

(4) 努力などがむだになること。 □

(5) いろいろやってみた結果。 □

(6) しっとする。 □

(7) さかさまになる。 □

(8) 人をだまして惑わす。 □

㋐ 焼き餅を焼く　㋑ 押しも押されもしない
㋒ うのみにする　㋓ 敷居が高い　㋔ 覆る
㋕ 水の泡　㋖ 挙句の果て　㋗ たぶらかす

---

26 27ページの答え

1 (1) ㋔ (2) ㋒ (3) ㋐ (4) ㋖ (5) ㋓ (6) ㋑ (7) ㋕

2 ㋐ いき ㋑ せっちゅう ㋒ みくだす ㋓ いあつ ㋔ いっかくせんきん ㋕ あんぴ ㋖ ほうしん

28 122・123ページの復習 新しい語句を覚えよう㉘

学習日 ／

復習 **1** 次の言葉を正しい意味で使っている文を選び、記号に○をつけましょう。

(1) **目もくれない**
ア 彼は興味のあることだけは目もくれずに集中する。
イ おしゃべりには目もくれず、黙々と勉強する。

(2) **ひるむ**
ア ピッチャーの球の速さにひるんでバットをふれなかった。
イ 天気のよい日の午後は庭でひるむと気持ちがよい。

(3) **鳥肌が立つ**
ア あの役者は鳥肌が立つほど演技の勉強をするらしい。
イ アーティストのライブで鳥肌が立つほど感動した。

(4) **肝をつぶす**
ア 山道で足を踏みはずしそうになって、肝をつぶした。
イ テーマパークで一日遊び、肝をつぶすほど楽しかった。

(5) **得体が知れない**
ア 彼とは昔から仲がよい得体が知れない仲だ。
イ ふと空を見上げると得体が知れない浮遊物があった。

新しい語句㉘ **2** 意味に合う言葉になるように、[ ]から漢字を選び、□に漢字を書きましょう。

(1) 相手と対等な立場で接することができない様子。
□**が上がらない**

(2) 区切りをはっきりとつける。
一□を画す

(3) もう少しで手に入れられるところでのがしたものは、実際以上によいものに思える。
逃がした□は大きい

(4) 少し聞いただけで全部を理解できるほどかしこいことのたとえ。
一を□いて十を□る

(5) 知っているのに知らないふりをする。
□**を切る**

(6) きげんの悪い様子。
□**の居所が悪い**

[魚　虫　頭　線　知　聞　白]

27 28ページの答え

1 (1) ちょうしょ (2) むりなんだい (3) てをつくす (4) とりつくしまもない (5) せいつう (6) たんしょ

2 (1) イ (2) ウ (3) エ (4) カ (5) キ (6) ア (7) オ (8) ク

29 124・125ページの復習 新しい語句を覚えよう㉙

学習日 ／

復習 **1** 文に合う言葉を選び、記号に○をつけましょう。

(1) 初めて来た巨大なターミナル駅で［ア 足を洗う　イ まごつく　ウ 委ねる］。

(2) ぼくがわからない問題も、兄なら［ア 容易　イ 徒労　ウ 相対的］に解ける。

(3) 運動会のリレー競技で［ア あわよくば　イ うすうす　ウ いやがうえにも］盛り上がった。

(4) このなぞなぞが解けないなんて、［ア 口がかたい　イ 頭が固い　ウ ざっくばらん］ね。

(5) 占い師の予言が［ア 一刀両断　イ 五里霧中　ウ 的中］した。

新しい語句㉙ **2** 次の意味に合う言葉はどちらですか。合うほうを選んで、迷路を進みましょう。

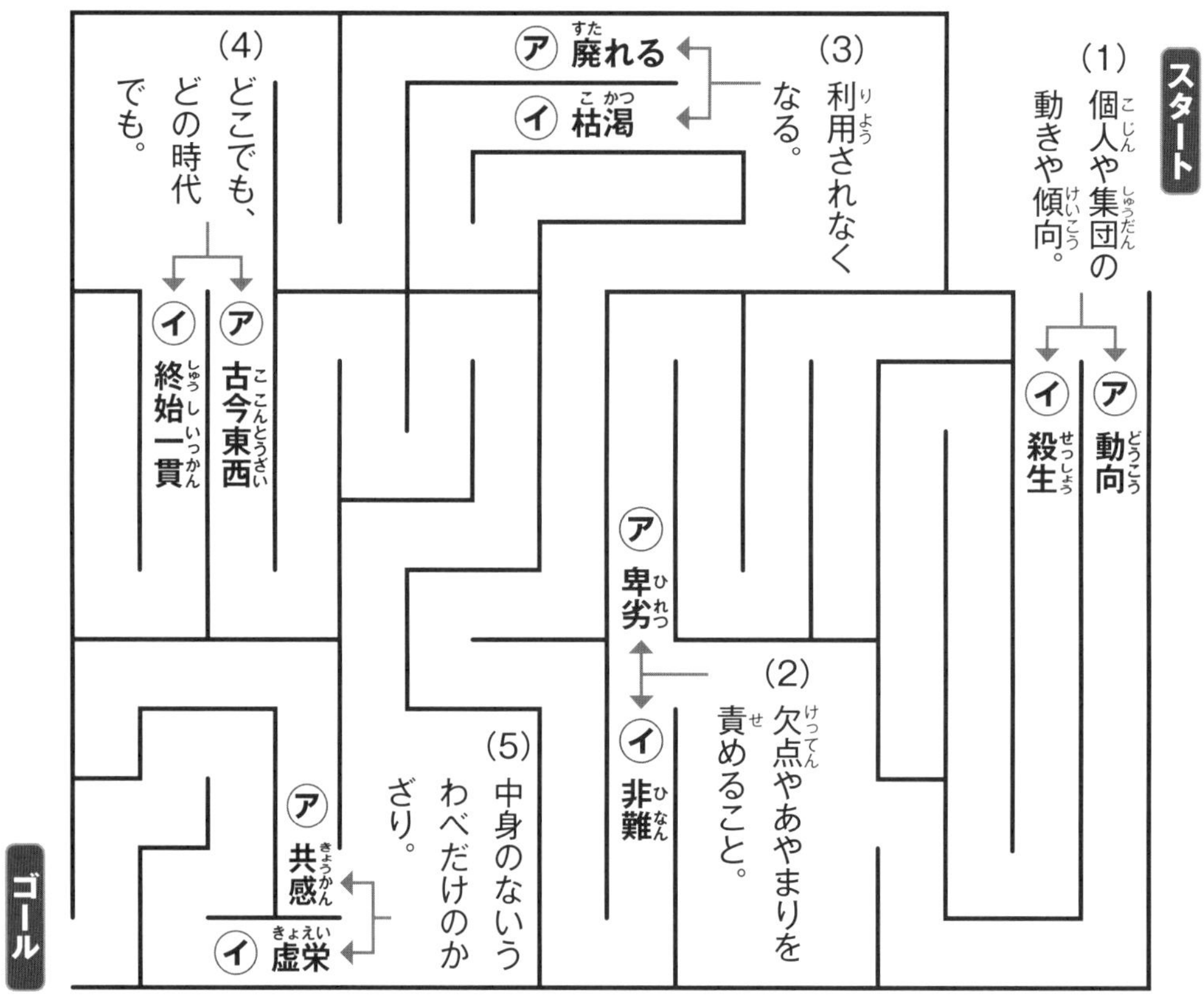
スタート
(1) 個人や集団の動きや傾向。
ア 動向
イ 殺生
(2) 欠点やあやまりを責めること。
ア 卑劣
イ 非難
(3) 利用されなくなる。
ア 廃れる
イ 枯渇
(4) どこでも、どの時代でも。
ア 古今東西
イ 終始一貫
(5) 中身のないうわべだけのかざり。
ア 共感
イ 虚栄
ゴール

28 29ページの答え

1 (1) イ (2) ア (3) イ (4) ア (5) イ

2 (1) 頭 (2) 線 (3) 魚 (4) 聞、知 (5) 白 (6) 虫

30 126～129ページの復習 新しい語句を覚えよう㉚

学習日 ／

復習 **1** □に当てはまる言葉を□から選び、記号を書きましょう。

(1) □に立つことを夢見てバレエの練習にはげむ。

(2) 思いがけず学級委員に推薦され、□な顔をする。

(3) 運動会が終わり、先生から□言葉をかけられた。

(4) 書道大会で金賞をもらって、□光栄だ。

(5) 彼女は□な性格で、ことあるごとに手紙をくれる。

(6) ドリルの最終問題に正解して、□をかざる。

ア 労う　イ 律儀　ウ ひのき舞台
エ 有終の美　オ 身に余る
カ 鳩が豆鉄砲を食らったよう

新しい語句㉚ **2** 次の言葉の意味に合うものを選び、記号に○をつけましょう。

(1) 口車に乗る
ア 言葉たくみに言いくるめられて、だまされる。
イ はきはきとした話し方で、説明がわかりやすい。

(2) 疑惑
ア 本当かどうか疑うこと。
イ 急に変わって戸惑うこと。

(3) トレードマーク
ア その人の特徴を表す、独特の外見。
イ 仲間であることを表した印。

(4) ネガティブ
ア 積極的な様子。
イ 消極的な様子。

(5) プロセス
ア 準備。
イ 過程。

(6) 大風呂敷を広げる
ア 現実的でないことを言ったり、計画したりする。
イ 人の役に立つため、自分の財産を差し出す。

(7) 下駄を預ける
ア 道具や他の人の力を借りず、自分の力でやりとげる。
イ 相手を信じて、ものごとの判断などを任せる。

---

29 30ページの答え

1 (1) イ (2) ア (3) ウ (4) イ (5) ウ
2 (1) ア (2) イ (3) ア (4) ア (5) イ